노블레스 오블리주

세상을 비추는 기부의 역사

차례
Contents

노블레스 오블리주란 무엇인가

노블레스 오블리주는 프랑스어로 높은 사회적 신분에 상응하는 도덕적 의무를 뜻하는 말이다. 노블레스는 원래 '고귀한 신분(귀족)'이란 뜻이고, 오블리주는 동사로 '책임이 있다'는 의미이다. 고대 그리스와 로마 및 중세의 귀족들은 신분에 따르는 여러 가지 특권을 누릴 수 있었는데, '노블레스 오블리주'란 본래 그러한 특권을 향유하는 것에 상응하는 도덕적 임무를 다해야 한다는 뜻이 담겨 있는 용어이다. 그러나 시대가 변하면서 귀족이라는 사회적 신분은 사라지거나 유명무실해졌고 오늘날에는 보다 포괄적인 의미의 사회지도층이 그 자리를 대신 메우고 있다. 따라서 지금의 노블레스 오블리주란 '사회지도층의 책무' 즉, 부나 권력 또는 명예를 갖고 있는 지도층의 사회적 지위에 상응하는 도덕적 책임과 의무를 의미하는 용어가 된 것이다.

노블레스 오블리주라는 용어가 등장한 것은 그리 오래 되지 않았다. 역사적으로 이 용어를 처음 사용한 이는 프랑스의 작가 가스통 피에르 마르크Gaston Pierre Marc로 알려져 있다. 그가 고귀한 신분에 따르는 사회적 의무를 강조하면서 1808년에 노블레스 오블리주라는 용어를 처음으로 썼다는 것이다. 그외에도 영국의 유명한 배우이자 저술가였으며 미국에서의 결혼생활 중 노예해방을 주장하기도 했던 프란시스 켐블Frances Anne Kemble이 1837년에 작성한 한 편지에 노블레스 오블리주라는 구절이 등장했다고 한다. 또한 노벨문학상 수상작가인 윌리엄 포크너William Faulkner의 대표작 『고함과 분노』 『에밀리를 위한 장미』 등에도 노블레스 오블리주라는 단어는 자주 등장한다.

그러나 노블레스 오블리주의 유래에 대해서는 다양한 의견과 주장이 존재한다. 시오노 나나미는 『로마인 이야기』에서 로마제국의 2천 년 역사를 지탱해준 힘이 노블레스 오블리주의 철학이라고 지적한다. 로마의 귀족은 전쟁이 일어나면 자신이 재산을 사회에 환원하고 스스로 전장의 선봉에 서서 용감하게 적과 싸웠다고 한다. 한 예로 한니발이 카르타고와 벌인 16년간의 제2차 포에니전쟁 중 최고 지도자인 콘술(집정관)의 전사자 수만 해도 13명에 이르렀다고 한다. 로마 건국 이후 500년 동안 원로원에서 귀족이 차지하는 비중이 15분의 1

로 급격히 줄어든 것도 계속되는 전투 속에서 귀족들이 많이 희생되었기 때문인 것으로 알려져 있다. 한 전투에서 전체의 3분의 1이 죽은 적도 있었다고 한다.

로마 귀족들은 이처럼 노예와 귀족의 차이를 사회적 책임 이행능력에서 찾았다. 초기 로마시대의 왕과 귀족들이 보여준 투철한 도덕의식과 솔선수범하는 공공정신이 바로 노블레스 오블리주라는 것이다. 그들은 전쟁에서 앞장서는 것은 물론 높은 사회적 신분에 상응하는 도덕적 의무를 다하기 위해 검소한 삶을 살고 과소비를 하지 않았으며, 부와 사회적 지위를 과시하지 않았고, 물질보다는 정신적 가치를 더 소중히 여겼다고 한다. 이러한 노블레스 오블리주 정신의 존재 때문에 로마에서는 국민을 위해 자기를 희생하지 않는 사람이 권력자가 되기가 쉽지 않았다고 한다.

초기 로마 사회에서는 사회 고위층의 공공봉사와 기부, 헌납 등의 전통이 강하였고, 이러한 행위는 의무인 동시에 명예로 인식되면서 자발적이고 경쟁적으로 이루어졌다. 지도층에게는 높은 도덕성과 함께 남다른 의무가 지워졌다. 지도자가 특권을 양보하고, 자신을 희생하고 솔선수범하면서 부를 사회에 환원할 때 존경받을 수 있었다. 초대 황제 아우구스투스는 재임 중 국가가 어렵거나 돈이 필요할 때 개인 돈으로 국고를 네 번이나 지원했다고 한다.

이러한 귀족층의 솔선수범과 희생에 힘입어 로마는 고대 세계의 맹주로 자리 잡을 수 있었다. 이런 사회지도층의 역할이 지성은 그리스인보다 못하고, 체력은 켈트인이나 게르만인보다 못하고, 기술력은 에트루리아인보다 못하고, 경제력에서는 카르타고인보다 뒤떨어졌다던 로마인들로 하여금 커다란 문명권을 형성하고 무려 천 년 동안이나 강한 국가를 유지할 수 있게 한 원동력이 되었다고 한다.

노블레스 오블리주의 기원을 성경에서 찾는 시각도 있다. 즉, 누가복음 12장 48절의 '무릇 많이 받은 자에게는 많이 요구할 것이요 많이 맡은 자에게는 많이 달라 할 것이니라'는 대목을 노블레스 오블리주 정신의 근원으로 보는 것이다. 또 프랑스에서는 노블레스 오블리주의 기원을 1808년에 레비Levis 공작이 저술한 『격률과 교훈』이라는 책에 나오는 "귀족은 물론 높은 지위에 오른 인사들은 누구나 자신의 품격에 맞게 처신해야 한다"는 구절에서 찾기도 한다. 이러한 주장은 '노블레스'의 본래 뜻인 '귀족'을 확대해석한 것으로 노블레스 오블리주의 현대적 의미와도 일맥상통한다.

우리에게도 노블레스 오블리주의 역사는 있다. 우리의 역사가들은 노블레스 오블리주는 그 시대 지배층의 역사적 정통성과 밀접한 관련이 있다고 지적한다. 정통성 있는 세력이 그 시대를 지배할 경우 노블레스 오블리주는 시대의 정신으로 자리 잡지만 그 반대의 경우에는 실종된다는 것이다.

역사평론가 이덕일은 신라가 삼국을 통일할 수 있었던 원동력을 흔히들 알고 있는 당나라의 군사지원보다 화랑으로 대표되는 신라 지배층의 노블레스 오블리주에서 찾는다.

서기 660년 김유신의 동생 흠춘은 황산벌에서 계백의 결사대에게 수세에 몰리자 아들 반굴에게 '지금이 충과 효를 함께 이룰 수 있는 기회'라면서 목숨을 바칠 것을 요구했다. 반굴의 장렬한 전사를 본 장수 품일은 자신의 아들 관창에게도 같은 행위를 요구했고, 두 장수 아들의 전사는 신라 군사들의 마음을 격동시켜 전투를 승리로 이끌었다. 그러나 김유신의 아들 원술은 나당전쟁 때 석문전투에서 패전한 뒤 살아남았다는 이유로 부모에게 버림받았다. 이들은 자식들에게만 희생을 요구했던 것은 아니다. 김유신이 누구도 불가능하게 여겼던 평양 식량수송 작전을 자청했던 서기 671년 겨울 그의 나이는 이미 67살이었다. 또한 김춘추는 험한 뱃길과 먼 거리를 마다하지 않고 고구려, 왜국, 당나라를 돌아다니며 군사 지원을 요청했다.

　반면 백제는 의자왕과 호족들 사이의 권력투쟁이 한창이었고, 고구려는 연개소문 사후 아들들 사이의 권력투쟁 끝에 장남 남생이 당나라에 투항했다. 세 나라 지배층의 노블레스 오블리주의 차이가 나라의 운명을 갈라놓았다는 것이다. 이러한 자기희생과 솔선수범의 정신은 오늘날의 지도자들이 본받아야 할 행동철학이다.

　그러고 보면 노블레스 오블리주는 동서고금을 막론하고 인류의 역사와 함께 해온 사회지도층의 행동철학인 셈이다. 물론 세상이 변하면서 사회지도층의 의미도 달라져 왔고 그들의 책무도 달라졌다. 대부분의 사회에서 명실상부한 귀족의 존재가 사라진 지금 노블레스의 자리는 권력을 가진 정치가나 재력을 소유한 자본가에 의해 채워지고 있다. 그러므로 지금의 노블레스 오블리주는 귀족이나 왕족의 책무가 아니라 '가진 사람'들의 책무이다.

노블레스 오블리주의 변천

인류의 역사는 노블레스 오블리주의 역사라고 해도 과언이 아닐 것이다. 어느 시대에도 사회의 상층부는 존재했으며 그들이 리더십을 발휘하려면 도덕적 의무나 사회적 책무를 실천하는 것이 절대적으로 필요했을 것이기 때문이다. 노블레스 오블리주라는 단어의 등장이 늦었을 뿐 그러한 철학의 존재는 역사의 곳곳에서 찾아 볼 수 있다.

로마 귀족들의 기부정치

로마제국의 역사에는 로마 귀족들의 노블레스 오블리주 사례가 심심치 않게 등장한다. 로마의 귀족들은 노블레스 오블리주의 표본 같았기 때문에 평민들이 그들에게 불만을 가질 수가 없었다고 한다. 예를 들어 어린 후계자만을 남기고 일족이 모두 나라를 지키기 위해 목숨을 바친 파비우스 가문의 이야기는 로마 귀족들의 강한 의무감을 실증하는 사례이다.

로마의 귀족들은 사회공헌에도 일찍이 눈을 떴던 것 같다. 공공시설의 복구나 건축을 위해 개인재산을 희사하는 것은 다반사였으며 빈곤 퇴치나 차세대육성을 위한 기부도 끊이지 않았다고 한다. 오늘날의 기준으로도 놀랍기만 한 당시의 기부 문화에 대한 이해를 돕기 위해 시오노 나나미의 기록을 인용하는 것이 나을 것 같다.

플라미니우스 경기장 다음으로 큰 피해를 입은 공공 건축물은 그 바로 북쪽에 있었던 아우구스투스의 '옥타비아 회랑'(포르티쿠스 옥타비아)과 카이사르가 건설한 '사이프타 율리아'였던 모양이다. 이런 공공 건축물을 복구하기 위해 티투스 황제가 먼저 개인 재산을 내놓았다. 그러자 로마의 부유층도 다투어 돈을 기부했다. 공공 건축물 복구비는 모두 이런 기부금으로 충당되었다. 공공사업에 돈을 기부하는 것은 로마인들에게는 요즘 말하는 '노블레스 오블리주'(존경받는 사람의 의무)로 여겨지고 있었기 때문이다.

네로 황제 시절, 나폴리 근처의 작은 도시 아티나 출신인 엘비우스라는 인물은 고향의 진흥기금으로 40만 세스테르티우스를 기부했다. 시의회가 이 기금을 운용하여 얻은 수

익금 중, 결혼하여 아티나에 정착한 젊은이들에게 1인당 1천 세스테르티우스의 보조금을 주는 것이 기부조건이었다.

또한 도미티아누스 황제 시절에는 조상 대대로 내려온 부자에다 사회적 책무(이것을 후세는 '노블레스 오블리주'라고 부른다)에도 열심이었던 소 플리니우스는 북이탈리아의 아름다운 코모 호숫가에 있는 고향에 신전과 도서관을 기증했고, 차세대 육성도 잊지 않았다. 그는 백만 세스테르티우스 상당의 토지를 코모시 당국에 기증하면서, 1년에 3만 세스테르티우스로 예상되는 수익금을 시에 거주하는 빈곤 가정의 자제가 성인이 될 때까지의 육영자금으로 쓰라는 조건을 달았다.

황제가 솔선수범하여 다른 사람들까지 끌어들이는 수법의 달인은 아우구스투스였지만, 어쩌면 트라야누스도 초대 황제를 본받았는지 모른다. 솔선수범하려면 왕성한 에너지가 필요한데, 그 점에서도 트라야누스는 충분하고도 남는 자격을 갖고 있었다. 트라야누스를 본받은 사람들 가운데 문헌이나 비석 등으로 그 업적이 후세에까지 남는 행운을 누린 몇 사람을 소개하고 싶다. 그것도 자금을 원조한 정도가 아니라 구체적인 공공시설을 기증한 사람만 예로 들겠다.

＊소 플리니우스-고향인 코모 시에 신전과 도서관을 기증.
＊그의 장인인 칼푸르니우스 파바투스-코모 시에 열주 회랑을 기증.
＊서기 113년도 집정관 코르넬리우스 돌라벨라-고향인 코르피니오에 공중목욕탕을 기증.

*페트로니우스 모데스투스(기사계급)-트리에스테의 반원
형극장 개조 비용을 전액 부담.

*트라야누스를 모신 해방노예 울피우스 베스비우스-이탈
리아 중부의 체르베테리 시에 학교를 기증.

*에스파냐 출신 원로원 의원-고향인 코르도바에 회당을
기증.

*트라야누스의 측근 제1호인 리키니우스 술라-고향에 이
익을 주지 않는 황제를 대신하여 타라고나와 바르셀로
나를 잇는 가도에 개선문을 건설.

*플라비우스 왕조 시대에 원로원에 들어간 소아시아 출
신 2명-공동으로 에페수스에 도서관을 기증.

도서관 기증이 눈에 띄게 많은 것은, 당시의 책은 손으로
일일이 베껴야 하기 때문에 값이 비싸서 서민층은 좀처럼
구입할 수 없었기 때문이다. 혜택 받은 자가 이익을 사회에
환원하는 것은 후세에 노블레스 오블리주라고 불리게 되지
만, 로마 사회에서는 이것이 지도층인 원로원 계급에만 한
정되지 않았다는 것도 알 수 있다. 과거에 노예였다 해도,
출생지나 노후를 보낼 작정인 지방도시에 공공건물을 기증
한 수 있었다. 요컨대 그것을 가능케 하는 재산이 있느냐 없
느냐가 문제일 뿐이었다. 그리고 지방자치단체 차원에서도
트라야누스를 본받을 조건은 갖추어져 있었다.

로마 지도층의 모범적 선행과 부의 사회 환원은 오늘날 기

부문화가 최고로 발달한 미국의 기준으로 봐도 전혀 손색이 없는 노블레스 오블리주의 실천이다. 시오노 나나미의 글을 길게 인용한 것은 그 옛날 로마 귀족들의 사회에 대한 책임감과 행동철학이 너무나 감동적이기 때문이며 사가史家가 아닌 필자로서는 그 실상을 전달하기에 역부족이기 때문이다.

로마시대 이후 서구사회에서는 노블레스 오블리주가 지도층의 생활양식으로 자리 잡았다. 노블레스 오블리주의 전통이 유럽 각국의 고유문화와 접합되어 조금씩 다른 모습으로 정착한 것이다. 유럽의 각 나라에는 각기 사회지도층의 솔선수범 사례가 전설처럼 전해 내려오고 있다.

영국 왕자의 솔선수범

영국의 노블레스 오블리주를 이야기할 때 빠지지 않는 것이 영국 최대의 사립 중·고등학교인 이튼 칼리지 졸업생들의 영웅적 사례이다. 1440년 국왕 헨리 6세에 의해 설립된 이튼 칼리지 내의 교회 건물에는 제1차 세계대전에 참전해 목숨을 잃은 이 학교 졸업생 1,157명의 이름이 새겨져 있고 제2차 세계대전에서 사망한 졸업생의 명단도 새겨져 있다. 그래서 이 학교는 학교 전체가 하나의 거대한 무덤으로 알려져 있을 정도이다. 이튼 칼리지는 월폴Sir. Robert Walpole, 웰링턴Arthur Wellesley Wellington, 글래드스톤William Ewart Gladstone 등 역대 영국 수상을 18명이나 배출했고 조지 오웰George Orwell, 앨더스 헉

슬리Aldous Huxley와 경제학자 케인즈John M. Keynes 같은 세계적인 인물들을 양성한 명문교이다. 이 학교의 졸업생들은 상당수가 귀족임에도 불구하고 전쟁이 발발하면 누구보다도 앞장서서 참전해 사회지도층으로서 모범을 보였던 것이다.

1982년 포클랜드 전쟁 때 엘리자베스 여왕의 차남인 앤드류 왕자가 가장 위험하다는 헬리콥터 조종사로 참전했던 사례 또한 왕족으로서 노블레스 오블리주를 실천한 상징적인 일화이다. 당시 아르헨티나가 보유하였던 엑조세 미사일은 전파교란이 통하지 않는 첨단무기여서 영국 군함에 치명적이었다. 수면 위에 바짝 붙어 저공으로 날아오는 엑조세 미사일의 방향을 교란시키려면 헬기 조종사가 목숨을 걸고 직접 미사일의 진행 방향에 쇳가루를 뿌려 미사일이 군함으로 향하지 않고 위로 솟구치도록 유인하는 방법만이 가능했는데, 이 위험한 일을 왕실의 앤드류 왕자가 직접 담당했다고 한다. 그 외에도 앤드류 왕자는 대잠수함전 같은 위험한 임무에 투입되기도 했다. 왕위계승순위 4위의 왕자를 전장에서도 가장 치열하고도 위험한 곳에 배치하는 나라가 영국이고 그렇게 솔선수범하는 전통이 영국과 영국 왕실을 오랜 세월 지탱해온 힘이 아닐까.

독일의 전쟁영웅

독일의 귀족들 역시 전쟁터의 선봉에서 목숨을 바쳐 싸움으로서 그 도덕적 책무를 다하였다. 그래서 독일의 역사에는 유난히 추앙받는 귀족출신 전쟁영웅이 많다. 그중에서도 1차 대전의 영웅이었던 만프레드 폰 리흐토펜Manfred von Richtofen의 일화가 유명하다. 그는 전투기 조종사로 제1차 세계대전에 참전했는데 자신이 탑승한 지휘관기가 적군의 눈에 가장 잘 띄도록 붉은색을 도색해 전투기편대의 최선봉에서 싸우다가 적기 80대 격추라는 빛나는 전과를 남기고 26세의 젊은 나이에 산화散花했다. 가장 위대한 전투기 조종사로 알려져 있는 리흐토펜에 관한 일화는 지금까지도 전설로 남아있다. 그가 이룩한 80기 격추기록은 연합군과 독일군 양측을 통틀어 최고의 기록으로 전쟁이 끝날 때까지 아무도 이를 갱신하지 못했다고 한다. 그의 존재는 단순히 최고의 격추기록으로 인한 것이 아니라 당시 독일공군의 정신적인 지주로서, 그리고 탁월한 지휘관으로서 이룩한 업적으로 인한 것이었다.

그는 적에게는 두려운 조종사였으나, 잔인한 인물은 아니었다고 한다. 리흐토펜은 적기가 추락하는 것이 확실하다고 판단되면 더 이상의 사격을 가하지 않았고, 그래서 많은 연합군 조종사들이 피격 후에도 살아날 수 있었다고 전해진다. 그의 전사소식을 들은 연합군 조종사들은 "모든 조종사들이 하늘에서 리흐토펜을 만나지 않게 된 것에 대해서 안도감을 느끼게 되었을 것이다. 그러나 차라리 리흐토펜이 포로로 잡혔더라면, 그와 악수 한 번 하는 것을 더 자랑스럽게 느꼈을 것이다"라고 말했다고 한다.

종전 후 7년이 지난 1925년 리흐토펜의 유해가 기차에 실려

베를린으로 돌아왔을 때 전 독일에는 조기가 게양되었고 독일 국민들은 그의 죽음을 다시 애도했다. 사람들은 그를 '붉은 남작'이라 부르며 지금까지도 추모하고 있다 한다. 그의 행적은 당시 독일 정부의 필요에 의해 전쟁영웅으로 미화된 측면이 없지 않으나 귀족 출신으로서 젊은 나이임에도 목숨을 아끼지 않고 위험한 공중전의 선두에 서서 솔선수범했다는 점에서 그는 노블레스 오블리주의 전형이라고 할 수 있을 것이다.

프랑스의 노블레스 오블리주 전통

프랑스의 노블레스 오블리주는 일화에서 찾기보다는 사회적 분위기에서 음미해 보는 것이 나을 것이다. 프랑스의 역사는 노블레스 오블리주의 역사 그 자체이며 전통 속에 그 정신이 고스란히 녹아 있기 때문이다. 프랑스에서 노블레스로 불릴 만한 귀족이 처음 출현한 것은 11세기에 들어와서라고 한다. 프랑크 왕국 말기에 카롤링 왕자들 간의 골육상쟁이 심화되며 중앙권력의 힘이 약해지자, 지방에서 세력을 키워오던 토지소유자들과 전사집단이 그 무렵에 귀족이라는 하나의 신분으로 통합하게 되었다는 것이다. 그 결정적 계기였던 989년의 샤루 종교회의는 이 새로운 지배집단에게 도덕적 규범을 제시함으로써 고유의 정체성을 형성하는 데 상당한 영향을 미쳤다 한다. 그에 따라 전개된 '하나님의 평화운동'을 통해 그들은 폭행과 약탈을 중지하고 싸움을 벌이지 않도록 권유 받았고, 그렇게 해서 남는 힘은 가난한 사람과 교회를 위해 쓰도록 유도되었다는 것이다. 이렇게 자리 잡은 노블레스 오블리주의 전통은 현대까지 프랑스 사회를 지탱하는 힘이 되고 있다.

프랑스 상류층은 지금까지도 부의 일부를 사회 봉사활동기금이나 자선기금, 시민운동단체의 기금 등으로 기부하는 전통을 갖고 있다. 이는 오랜 기독교적 전통과 사회적 책무의식이 결합해 생긴 것이다. 프랑스인들은 이 전통을 절대로 과시하지 않는다 한다. 선행을 한 사람들은 이름을 밝히는 것에는 관심도 없고 언론에 알려지는 것도 원하지 않는다. 노블레스 오블리주를 생활의 일부로 당연시하고 있는 것이다. 그들은 또 자녀들을 어릴 때부터 기숙학교나 수녀원부속학교 등에 보내 엄격하게 검약과 절제, 성실의 미덕을 배우게 한다. 프랑스의 지도층이 노블레스 오블리주를 실천하는 방식은 사람마다 다르지만, 그들은 정직하고 강한 책임감의 틀 안에서 행동한다는 공통점을 갖고 있다. 따라서 프랑스의 노블레스 오블리주는 사람마다 나름대로 자신의 사회적 역할을 충실히 수행하며 스스로 권한보다 의무에 더 큰 비중을 두고 행동하는 것이라고 말할 수 있을 것이다.

미국의 찬란한 기부문화

유럽에서 시작된 노블레스 오블리주의 전통은 신흥국가인

미국으로 건너와 새로운 모습으로 자리를 잡게 된다. 처음부터 봉건적 계급제도 없이 만인이 평등한 민주국가로 시작한 미국에는 유럽과 같은 귀족계급이 없었다. 따라서 미국의 노블레스 오블리주는 특정계급인 귀족의 책무가 아니라 모든 시민의 책무로 형성되었다. 또 미국에서 찬란한 자본주의의 역사가 꽃을 피우게 되면서 노블레스의 자리에는 자연스럽게 기업가들이 들어서게 된다. 미국 기부문화의 정점에는 철강왕 앤드류 카네기가 있다. 카네기는 65세가 되던 1900년 "부자인 채 죽는 것은 정말 부끄러운 일"이라며 엄청난 수익을 내고 있던 자신의 철강회사를 5억 달러에 처분한다. 그리고 그때부터 그 막대한 자금으로 자선활동을 시작하여 여생을 '위대한 기부자'로 보내게 된다.

미국에는 카네기 이후 록펠러(3억 5천만 달러, 1913년), 포드(5억 달러, 1936년) 등이 이어서 부의 사회 환원을 위해 재단을 설립했고 그 정신은 오늘날에도 빌 게이츠나 테드 터너 등에 의해 면면히 계승되어 현재는 5만 6천여 개의 재단이 활동 중에 있다. 미국의 부자들은 막대한 부를 사회에 환원하는 데 경쟁적이다. 지금까지 무려 300억 달러 가까운 돈을 기부한 마이크로소프트의 빌 게이츠 회장은 "부의 사회 환원은 부자의 의무"라고 말한다. 미국 부자들의 이러한 선행은 그들만의 잔치로 끝나는 것이 아니라 사회 전반에 영향을 미쳐 이제 미국인들은 기부를 생활의 한 부분으로 받아들이고 있다. 전체 미국인들의 98%가 어떤 형태로든지 기부에 참여하고 있으며 소액기부자들의 기부가 총 기부액의 77%에 이르고 있고 그들의 연평균 기부액수가 140만 원을 상회한다는 최근의 통계가 그러한 사실을 웅변으로 말해주고 있다. 카네기 이후 한 세기동안 면면히 이어져온 기부의 전통이 부자들의 미덕이자 미국의 힘으로 자리 잡은 것이다.

미국의 부자들은 이러한 나눔을 통해 과거 유럽 귀족들의 전유물이었던 노블레스 오블리주 문화를 미국 사회에 새로운 형태로 정착시키고 있는 것이다. 최근 부시 정부가 추진한 바 있는 상속세 폐지 시도에 대해 빌 게이츠와 워렌 버핏, 조지 소로스, 데이비드 록펠러 같은 거부들이 "상속세 폐지는 혐오스러운 일"이고 "유산보다는 능력에 의해 성공할 수 있는 사회를 만들어야 한다"며 '책임 있는 부자'라는 단체를 만들어 조직적으로 반대하고 나선 것은 그들이 하고 있는 기부의 진정성을 여실하게 보여주는 사건이었다.

이러한 문화는 미국 사회의 갈등을 봉합하고 미국인들의 전반적인 삶의 질을 높이는 데 크게 기여하고 있다. 최근 「뉴스위크」는 미국을 지탱해 주는 힘은 4만 2,100달러에 달하는 미국의 1인당 국내총생산(GDP)이나 연간 4,782억 달러 규모의 군사력이 아닌 기부와 봉사의 정신이라고 분석한 바 있다. 평생 모은 재산을 조건 없이 자선 사업에 내놓고 남은 인생을 타인을 위해 헌신하는 정신이야말로 미국을 세계 최강국으로 만드는 힘이 되고 있다는 것이다.

자선단체에 기부하는 현금이나 재산에 대해서는 법인과 개인에게 모두 연방소득세를 공제해주는 미국의 세금제도도 기부문화 정착의 한 축을 담당하고 있다. 미국 세법은 교육과 의료, 종교, 자선기관 등에 기부금을 내는 이들에게 총소득의 50%까지 공제해주고 있다.

'신의 아들'이 된 우리의 노블레스

우리에게도 노블레스 오블리주의 전통이 없는 것은 아니다. 신라 시대의 화랑 관창 이후 우리 사회의 지도층은 나라에 어려움이 닥칠 때마다 솔선수범으로 헌신하여 위기를 극복하는 데 지대한 공을 세웠다. 임진왜란과 정유왜란 그리고 한말의 민비시해사건 이후 경향 각지에서 유학자들이 분연히 의병을 일으켜 일본의 침략에 저항했던 일이 그 좋은 증거이다.

한일합방이 되자 온 집안이 의병과 독립운동으로 항일투쟁에 나섰던 왕산 허위 일가와 6형제가 모두 만주로 가서 독립운동에 몸 바친 우당 이회영 집안, 그리고 3대가 독립운동에 헌신한 석주 이상룡 가문 등 우리나라 삼대 항일 명문의 일화는 우리를 감동시키는 노블레스 오블리주의 전범이다. 그리고 조선 중기부터 일제 시대에 이르기까지 300년, 10대에 걸쳐 만석의 부를 세습한 경주 최부자 집안은 서구의 어느 귀족이나 부자보다도 '가진 자'의 책무를 훌륭하게 실천한 사례이다. 현대에 와서는 "기업의 소유주는 사회이다. 단지 그 관리를 개인이 할 뿐이다"라며 전 재산을 사회에 기부한다는 유언장한 장 남기고 홀연히 세상을 떠난 유한양행의 창업자 유일한 같은 분의 일화도 우리의 가슴을 뭉클하게 하는 미담이다.

그러나 이렇게 좋은 노블레스 오블리주의 전통이 개발연대의 압축 성장과정을 거치면서 사라지고 말았다. 국가가 어려울 때에는 존재하던 노블레스 오블리주의 정신이 경제적으로 윤택해진 지금 없어졌다는 것은 역사의 아이러니이다.

오늘날 우리의 노블레스들은 항일투쟁같이 싸워야 할 일이나 상대가 없어져서 그런지는 몰라도 정경유착이나 편법상속 같은 일에 열을 올리고 있고, 일부 자제들은 서구의 귀족들처럼 솔선수범하는 것이 아니라 '신의 아들'이 되어 남들이 다 가는 군에도 안 가고 있는 실정이다. 지금은 우리도 민주주의와 자본주의 시장경제 체제를 도입하고 있는 나라이다. 이제 우리의 노블레스 오블리주는 기부문화의 정착을 통해 새롭게 싹을 틔워야 한다. 선진국들에는 나눔의 미덕이 기부문화로 자리 잡고 있다. 최근에 와서 우리 사회가 조금씩 기부문화에 관심을 갖기 시작한 것은 대단히 다행스러운 일이라 생각된다.

우리나라 사람은 자고로 인정이 많았다. 지금도 그 인정은 수재나 화재 같은 천재지변이 일어나면 도처에서 목격된다. 그러나 우리들의 베풂은 다분히 일회적이고 즉흥적이며 감상적이다. 우리나라에서 어려운 이웃을 돕기 위한 모금의 70%가 연말연시에 이루어진다는 사실이 그러한 현실을 웅변으로 말해주고 있다. 아직도 우리의 기부는 개인(30%)보다는 기업(70%) 중심이며, 정기적 기부자(18%)보다는 비정기적 기부자

(82%)가 더 많다. 선진국의 기부는 우리와는 반대로 소액의 개인기부가 중심이며 그것도 일회성이 아니라 꾸준히 기부하는 정기기부가 대종을 이룬다. 선진국 시민들에 있어 기부는 일상적인 일이다. 소액기부라 하지만 미국인들은 연평균 140만 원을 기부하는 데 반해 우리나라 사람들은 5만 7,900원을 기부하는 데 그치고 있다. 미국과 우리나라의 소득격차를 감안하더라도 이것은 크게 차이가 나는 액수이다.

우리 기부문화의 주인공은 아직도 할머니들이다. 요즘도 김밥 할머니, 떡장수 할머니, 삯바느질 할머니들은 평생 어렵게 모은 재산을 그야말로 '아무 조건 없이' 사회에 쾌척하여 우리를 감동시킨다. 일본군 위안부 생활로 사회에서 빼앗기기만 했던 김군자 할머니는 2006년까지 세 번에 걸쳐 전 재산인 1억 천만 원을 장학기금 등으로 내놓아 우리들의 가슴을 뭉클하게 하기도 했다. 세계 11위권의 무역대국이자 국민소득 2만 불을 바라보는 나라의 국민이 어려운 이웃과 더불어 살려는 노력을 노쇠하신 할머니들에게만 맡겨놓을 수는 없지 않은가.

물론 우리에게도 나눔과 공익을 표방한 재벌들의 자선재단은 많이 있다. 그러나 그 재단들의 상당수가 공익사업은 체면치레로 쉬쉬리민킴 하면서 2세, 3세에 대한 편법상속을 하거나 세금 빼돌리기 등의 창구로 활용하는 경우를 흔히 본다. 자식에게 남길 재산은 있어도 사회에 남길 재산은 없는 것이다. 우리는 자본주의의 천박한 일면만 받아들이고 있는 것은 아닐까.

왜 지금 노블레스 오블리주인가?

노블레스 오블리주! 참 좋은 말이다. 듣기만 해도 가슴 설레는 말이다. 그러나 안타깝게도 지금 우리 사회에서 노블레스 오블리주는 실종된 말이고 역사에서나 발견할 수 있는 사어가 되고 있는 단어이다. 지금 우리에게 필요한 노블레스 오블리주는 나눔의 정신이다. 그러나 안타깝게도 우리에게는 나눔의 문화가 부족하다. '가진 자'들이 사회적 책무를 외면하고 있기 때문이다. 우리 사회는 지난 30여 년 동안 급속도로 성장가도를 달려왔다. 그동안 국민 소득 백 불도 안 되던 나라가 이제 소득 2만 불을 바라보는 어엿한 중진국으로 발돋움했다. 나누는 것보다는 파이를 키우는 데만 온 국민이 몰두해온 세월이었다.

결과적으로 우리는 좀 살 만해졌다. 그 과정에서 우리 사회엔 부자도 많이 생겼지만 아직 소외된 이들도 많다. 소득 이만 불을 바라보는 시대에 끼니 해결이 어려운 사람들도 있고 잠자리가 없어 노숙을 하는 이들도 있으며 독거노인들과 소년소녀 가장도 허다하다. 그러나 불우한 이웃에 대한 우리 사회지도층의 관심은 아직 부족하다. 그동안 우리는 내 한 몸 잘 살고 내 가족 잘 지내기 위해 혼신의 노력을 기울여 왔다. 가족 이기주의에 사로잡혀 있는 것이다. 그런 현상은 어려운 시절을 겪어온 국민으로서 너무나 당연한 것인지도 모른다. 그러나 경제적으로 나라 전체가 이만한 위치에 왔으면 이제 우리도 나눔에 대해 생각해볼 때가 되지 않았나 싶다.

　사회학자들은 세상이 앞으로 80:20의 사회로 재편될 것이라고 예언한다. 20%의 가진 자들이 80%의 못 가진 자들을 지배한다는 것이다. 결코 그렇게 되지는 말아야 하겠지만 이 사회는 이미 그런 방향으로 굴러가고 있는 듯하다. 양극화의 조짐은 사회 곳곳에서 발견되고 있다. 사회에서 부의 양극화 현상이 깊어지면 갈등과 분열이 일어나 공동체의 유지가 어려워진다. 이렇게 되면 갈등과 분열을 통합하는 데 드는 비용이 이윤 창출에 드는 비용보다 많아져 사회의 존립까지도 어려워진다. 자선적 기부는 이러한 부富의 불평등 문제를 바로잡고, 지속 가능한 발전을 할 수 있는 안전판 역할을 한다. 나라에만 의존해서는 분배의 문제를 해결할 수 없기 때문이다. 나눔의 정신이야말로 지금 우리에게 필요한 노블레스 오블리주 정신이다. 나눔은 계층 간의 격차를 갈등 없이 해결할 수 있는 최고의 수단이며 사회통합을 이룰 수 있는 지름길이기도 하다.

　그러나 우리 사회의 부자들은 아직도 나누기보다는 모으기에 급급하다. 나와 내 가족이 잘 살기 위해 모으고 더 많은 재산을 세습하기 위해 모은다. 이제 우리의 부자들도 다 같이 잘사는 일에 관심을 가져야 할 때가 아닌까. 빌 게이츠는 "부자들은 사회에 특별한 빚을 지고 있다"고 했다. 그래서 그 빚을 갚아야 한다는 것이다. 요즘은 우리의 재벌들도 세계의 부호 리스트에 심심치 않게 이름을 올리고 있지만, 세계적인 기부자 리스트에서는 그 흔적을 찾아볼 수 없다. 우리의 기부현실을 떠올리면 우울해진다. 우리에게도 고액기부자가 없는 것은 아니나 그들은 국민들로부터 존경 받지 못한다. 특히 2006년에 있었던 몇몇 대기업의 황급한 기부는 그들이 아무리 '아무 조건 없음'을 강조해도 국민들 눈에는 면죄부와 맞바꾸려는 시도로밖에는 보이지 않는다. 아무리 많은 돈을 기부한다 해도 그 기부가 대가를 염두에 둔 것이라면 그것은 이미 기부가 아니다. 그런 기부는 그 행위자체가 선행이 아닌 것은 물론 순수한 기부의 의미를 훼손하며 순수기부자들의 영혼에 상처를 주고 나아가서 건전한 기부문화의 정착을 훼방하기까지 한다.

아직 자본주의의 역사가 짧아서일까. 선진국에 비해 우리 사회지도층의 기부문화는 초라하다. 부를 사회에 환원하는 전통도, 자녀에게 나눔을 가르치는 가정교육의 전통도 없다. 천박한 사치의 문화, 과시의 문화는 만연해 있으나 나눔의 문화는 찾아보기 어렵다. 부를 축적한 신흥 노블레스는 생겼으나 그들은 오블리주를 행하지 않는다. 카네기가 젊은 시절 스스로에게 썼다는 각서에 "부의 축적은 가장 나쁜 종류의 우상숭배 가운데 하나이다. 그 어떤 우상도 돈에 대한 숭배만큼 인간을 타락시키는 것은 없다"라는 대목이 있다. 이제는 우리에게도 존경받는 부자가 나와야 할 때이다. 어떤 국가이든 지속적으로 발전하려면 나라의 위상에 걸맞은 시대정신을 갖추어야 한다. 노블레스 오블리주의 철학은 지금 우리 사회가 필요로 하는 시대정신이다. 한국이 강하고 품위 있는 국가로 오랫동안 존속하려면 노블레스 오블리주의 전통을 확립해야만 한다.

우리의 위대한 선각자들

우리에게도 노블레스 오블리주의 역사는 분명히 있다. 우리 민족의 수난의 역사 곳곳에는 국가적 위기를 극복하는 데 일신의 안위를 생각지 않고 온몸을 던져 나라를 구한 노블레스들이 셀 수 없을 정도로 많다. 그들의 애국심과 용기는 니체가 『도덕의 계보』에서 설명하는 서구 노블레스들의 강력한 도덕적 권위의 원천인 '죽음을 두려워하지 않는 용기'에 결코 뒤지기 않는 것이다. 그러한 선조들의 위대한 족적을 되새겨 오늘날에 노블레스 오블리주의 정신을 부활시키는 바탕으로 삼고자 한다.

과거의 많은 노블레스 오블리주 사례 중에서도 유독 근대 일제강점기의 의인들을 되새기고자 하는 것은 그분들의 행적이 역사에 뚜렷이 기록되어 있으나 그리 멀지 않은 과거의 일임에도 상당수 후손들의 관심 밖에 있기 때문이다.

사회에 공헌하는 부자의 전범 – 경주 최부자 가문

우리나라의 노블레스 오블리주를 논하는 데 있어서 빼놓을 수 없는 가문이 경주 최부자 집안이다. 경주 최부자 집안은 무려 300년 동안 만석의 재산을 유지했으며 많은 선행과 독립운동의 후원자 역할을 통하여 부자로서는 드물게 존경과 칭송을 받았다. 최씨 집안은 권력을 멀리하고 일정 규모 이상의 재산은 사회에 환원하였으며, 어려운 사람들의 마음을 아프게 하지 않았고, 검소하게 살며 자선을 베풀었던 것이다. 그러면서도 그들은 항일 독립운동과 교육 사업에 전 재산을 바치는 것으로 기나긴 부의 세습을 마무리했다. 참된 부자의 전범이 아닐 수 없다.

'부자가 3대 가기 힘들다'는 옛말을 무색하게 만든 경주 최부자 가문은 고운 최치원崔致遠의 19세손인 최국선崔國璿(1635~1682)으로부터 28세손인 한말의 최준崔浚(1884~1970)에 이르기까지 10대에 걸쳐 그 부를 유지하였다. 이렇게 장기간 한 집안이 부를 유지한 사례는 전 세계에서도 그 유례를 찾아보기 힘들 정도라고 한다. 그러나 최부자 집안이 칭송을 받는 것은 부를 많이 축적했고 그것을 오랫동안 유지했기 때문이 아니라 많은 자선 활동과 사회공헌으로 지도층의 모범을 보였기 때문이다. 최부자 집안의 모범은 한두 대에 그친 것이 아니라 집안의 전통으로 전해내려 온다는 점에서 음미해볼 만한 가치가 있다.

최부자 가문의 기본적인 생활지침은 육연六然이라는 가훈으로 전해 내려오고 있다. 육연의 내용을 살펴보면 첫째, 자처초연自處超然(스스로 처신함에는 초연하게 행동하라), 둘째, 대인애연對人靄然(남을 대할 때는 온화하게 대하라), 셋째, 무사징연無事澄然(일이 없을 때는 맑게 지내라), 넷째, 유사감연有事敢然(유사시에는 용감하게 대처하라), 다섯째, 득이담연得意淡然(뜻을 얻었을 때는 담담하게 처신하고), 여섯째, 실의태연失意泰然(실의에 빠졌을 때에도 태연하게 행동하라) 등이다.

최부자 집안의 가훈은 육연 외에도 보다 구체적인 행동지침으로 다음의 여섯 가지를 제시하고 있다.

1) 과거를 보되 진사 이상은 하지 마라

양반으로서의 신분은 유지하되 권력과는 일정거리를 유지하라는 의미이다. 철저한 계급사회에서 부를 유지하기 위해서는 최소한의 지위는 필요하나 권력까지 가질 생각은 하지 말라는 뜻도 되겠다. 요즘 식으로 해석하자면 정경유착은 피하라는 교훈도 될 것이다. 과거를 보라는 것은 학문을 가까이하여 지적능력을 기르라는 가르침이다. 지식과 최소한의 신분유지로 부는 지키되 권력은 가까이 하지 말라는 것은 오늘날의 자본가들에게도 금과옥조 같은 교훈이다.

2) 재산은 만석 이상을 모으지 마라

대단히 역설적인 가르침이다. 부잣집의 가훈이라면 재산을 늘리라고 가르칠 것 같은데 최부잣집의 유훈은 정반대이다. 그러나 이 집안이 존경받은 이유는 바로 이러한 가르침 때문이다. 최부잣집의 후손들은 이 상한선을 지키기 위해 부에 대한 욕망을 절제해야 했다. 그들은 이 가르침을 지키기 위해 소작률을 낮추어서 부의 혜택이 자연스럽게 남들에게로 퍼져 나가게끔 하였다. 보다 구체적으로는 농사를 짓는 사람에게 수확물의 절반을 지대地貸로 주는 병작반수제를 과감하게 도입하여 소작인들에게 돌아가는 혜택을 키웠던 것이다. 그 결과 수많은 소작인들은 더욱 열심히 일하였고 최부잣집의 재산은 계속 늘어날 수밖에 없었다. 말하자면 윈-윈 전략의 선구자적인 실천이었다고나 할까.

3) 과객을 후하게 대접하라

최씨 집안의 셋째 원칙은 지나가는 손님을 후하게 대접함으로써 덕을 쌓고 인심을 얻으라는 가르침이다. 과객過客들에게 숙식을 제공하여 나눔을 실천하는 것은 선행을 베푸는 것이기도 하지만 다양한 손님들과의 접촉을 통해서 정보를 수집하고, 다른 지역의 민심을 파악하는 수단도 되었다. 최부잣집에서는 1년 소작수입의 3분의 1인 쌀 1천 석을 과객을 접대하는 데 사용하였고 손님이 많이 머무를 때는 그 수가 100명이 넘었다고 하니 그들이 베푼 적선의 규모를 알 수 있다.

4) 흉년기에는 재산을 늘리지 마라

남의 불행을 치부의 기회로 삼지 말라는 가르침이다. 정의로운 경제활동을 하라는 뜻도 될 것이며 이웃의 원성을 살 일은 하지 말라는 의미도 되겠다. 최부잣집은 이웃의 어려움을 통해서 재산을 늘리지 않았을 뿐 아니라 오히려 이웃이 어려울 때 자신의 재산을 나누어 그들을 구제하는 데 앞장섰다. 이렇게 얻은 인심은 다른 기회에 재산을 늘리는 데 크게 도움이되었다. 이러한 최부잣집의 재물에 대한 철학은 부를 축적하는 데 있어서는 수단과 방법을 가리지 않고 남이 어려울 때를 축재의 기회로 삼는 요즘 기업인들에게도 크게 교훈이 되는가르침이다.

5) 사방 백리 안에 굶어 죽는 사람이 없게 하라

혼자만 잘 먹고 잘 살지 말고 이웃과 나누라는 가르침이다. 그것도 사방 백리 안의 이웃과 나누라는 것은 그 스케일 면에 있어서도 로마제국 귀족들의 선행에 조금도 뒤지지 않는 규모이다. 최부잣집은 춘궁기나 보릿고개가 되면 한 달에 약 100석 정도의 쌀을 이웃에 나누어 주었고 흉년이 심할 때에는 약000석이 들어가는 큰 창고가 바닥이 날 정도로 구휼을 베풀었다고 한다. 소작수입의 3분의 1을 빈민구제에 썼나는 것이다. 최씨 집안의 이러한 전통은 1대 부자인 최국선의 선행으로부터 비롯되었다고 한다. 최국선은 신해년(1671)에 큰 흉년이 들었을 때 "주변 사람들이 굶어죽을 형편인데 나 혼자 재물을 지켜서 무엇 하겠느냐'며 곳간을 헐어 이웃을 보살폈다고 한다. 그 이후 '사방 100리 안에 굶어 죽는 사람이 없게 하라'는 가르침이 가훈의 하나가 되었다는 것이다.

6) 최씨 가문의 며느리들은 시집 온 후 3년간 무명옷을 입어라

집안의 살림을 사는 여자들에게 근검절약하는 생활을 강조하는 이 가르침은 자신들에게는 박하고 엄격하게, 타인들에게는 후하고 자비롭게 대하는 최부잣집 생활철학의 진수이다. 자신들을 낮추고 겸손하게 사는 생활태도는 요즈음 졸부들의 천민자본주의적 돈 쓰기나 생활방식과는 근본적으로 다르다. 이렇게 교육받은 후손들이 재산을 낭비할 리 없으므로 이 교훈이야말로 300년 동안이나 부를 유지할 수 있었던 비결 중의 비결이라고 하겠다.

이러한 가르침이야말로 노블레스 오블리주 정신의 핵심이 아닐 수 없다. 사학자 조용헌은 그의 저작 『500년 내력의 명문가 이야기』에서 최부잣집 사례를 심도 있게 다루면서 이러한 최부잣집의 가훈을 '한국적인 노블레스 오블리주'라고 지칭하였다. 최부잣집의 부는 마지막 부자인 최준의 대에 와서 길고 긴 300년 역사의 막을 내리게 되나 그것은 부의 끝이 아니라 사회에 대한 공헌의 절정이었다고 할 수 있다.

1884년 경주에서 태어난 마지막 최부자, 문파汶坡 최준은 단순한 부자가 아니라 상해임시정부에 평생 자금을 지원한 독

립 운동가였으며 오늘날의 영남대를 설립한 교육 사업가로서 우리의 근대사에 독특한 족적을 남긴 인물이다. 그는 당대의 거부이면서도 조선국권회복단朝鮮國權恢復團과 대한광복회大韓光復會에 관계하면서 거액의 자금을 제공함으로써 독립운동단체의 활동을 지원하기도 하였다.

당시의 독립운동가들과 교류하며 나라 일을 걱정하던 최준은 1914년, 부산에 우리나라 최초의 무역회사인 백산상회를 설립한 백산 안희제를 만나게 된다. 백산상회는 겉으로는 무역회사였으나 내용은 독립운동자금을 모으고 전달하는 창구 역할을 하였다. 1919년 5월 백산상회는 자본금 100만 원의 백산무역주식회사로 확대 개편하게 되는데, 이때 최준은 사장으로 취임하게 된다. 백산무역은 서울, 대구, 원산, 만주, 봉천 등지에 지점을 설치하며 사업을 확장해 나갔으나, 상해임시정부 등 독립운동단체에 자금을 계속 지원하다보니 경영은 날로 악화되었다. 최준이 상해임정에 자금을 송금한다는 사실을 탐지한 일경은 그를 경찰서에 수감하고 수시로 혹독한 고문을 하였다고 한다. 계속되는 일경의 감시로 백산무역의 자금난은 날로 심각해졌고 결국 최준은 1927년 110만 원이라는 엄청난 부채를 떠안고 파산하게 된다. 광복 후 최준은 그때까지 남은 전 재산은 물론, 살고 있던 경주 및 대구의 집과 상시류 8,000 권까지 처분하여 대구대학교와 계림학숙을 세웠는데 이 두 학교가 합해져서 후일 영남대학교로 발전하게 된다.

최준과 그의 둘째동생인 최완은 독립유공자로 인정받아 지난 1990년 건국훈장 애족장이 추서되었다. 최완은 상해임시정부에서 일하다, 일본경찰에 체포돼 모진 고문 끝에 1921년 35세로 순국했다. 그러나 최준의 바로 아랫동생인 최윤은 총독부 중추원 참의를 지낸 죄로 광복 후 반민특위에 체포되기도 했다. 그러나 최윤이 중추원 참의를 지낸 것은 집안을 구하기 위해 스스로 자신을 희생한 것으로 알려지고 있다. 일제치하에 국내에 있었던 자본가 집안으로서는 피할 수 없었던 선택이었으리라. 생각해보면 일제치하에 대지주 집안에서 독립운동과 사회사업을 했다는 것은 군사독재치하에서 재벌이 민주화운동을 하는 것보다 훨씬 힘든 일이었을 것으로 짐작된다.

최준의 증손자는 현재 창원지방법원 판사로 재직하고 있는 최성길崔成吉이다.

온 가족을 이끌고 만주로 간 우당 이회영 집안

우당友堂 이회영李會榮 일가 역시 우리나라의 노블레스 오블리주, 특히 독립운동을 논하는 데 있어 결코 빼놓을 수 없는 집안이다. 이회영은 우리나라의 대표적인 삼한갑족(신라, 고려, 조선 3조에 걸쳐 대대로 문벌이 높은 집안)인 경주 이씨 백사공파 집안 출신으로 백사白沙 이항복李恒福(1556~1618)의 11세 손이다. 경주 이씨 백사공파는 이항복 이래 8대에 걸쳐서 연이이 10명의 재상(4명의 증영의정贈領議政을 포함, 9명의 영의정과 1명의 좌의정)을 배출한 조선조 최고의 명문가이다. 해방 후에는 이회영의 동생인 성재省齋 이시영李始榮이 초대 부통령을 역임하여 집안의 명성을 이었다. 이회영의 아버지는 고종 때 이조판서를 지낸 이유승이다.

이회영은 1901년 근대적 신교육을 위한 자금을 마련하기 위하여 삼포蔘圃를 경영하다가 일본인들의 약탈로 실패한 뒤 1908년 장훈학교長薰學校를 설립하고, 안창호, 이동녕 등과 함께 청년학우회를 조직하여 무실역행務實力行을 행동강령으로 독립운동에 전력하였다. 1905년 을사조약이 체결되자 이회영과 그의 형제들은 만주에 무력항쟁 기지를 설립할 구상을 하고 전 재산을 처분한 뒤 1910년 12월 추운 겨울에 60명에 달하는 대가족을 이끌고 만주로 떠나게 된다. 이 망명을 주도했던 인물이 넷째인 이회영이었다. 그때 처분한 재산이 사료에 따라 조금씩 추정치가 다르나 요즘 가치로 환산하면 600억 원에 이르는 거금이었다고 전해진다. 그때 만주로 간 우당 6형제는 첫째 이건영李健榮(1853~1940), 둘째 이석영李石榮(1855~1934), 셋째 이철영李哲榮(1863~1925), 넷째 이회영李會榮(1867~1932), 다섯째 이시영李始榮(1869~1953), 여섯째 이호영李護榮(1875~1933) 등이다.

이때 만주로 가던 이회영이 가족과 함께 두만강을 배로 건너면서 뱃사공에게 원래 뱃삯의 두 배를 지불하며 "일본 경찰이나 헌병에게 쫓기는 독립투사가 돈이 없어 헤엄쳐 강을 건너려 하거든 나를 생각하고 그 사람들을 배로 건너게 해주시오"라고 부탁했다는 일화가 전해지고 있다.

그들은 중국 길림성吉林省 유하현柳河縣 삼원보三源堡에 정착하여 인근의 땅을 매입하고 경학사耕學社를 설립하였다. 경학사는 계몽운동의 이념이었던 식산흥업·교육구국론에 입각하여 생산과 교육에 중점을 두었다. 경학사 설립과 동시에 부설 교육기관으로 신흥강습소新興講習所도 설치했다. 그러나 경학사는 1912~1913년에 걸친 흉작으로 곧바로 운영난에 부딪힌 데다 중국 관헌들의 탄압까지 겹쳐 1914년 해산되고 만다. 경학사는 3년 정도밖에 운영되지 못하였으나, 그 조직경험은 그 후 중국 동북지역을 주 무대로 활동한 민족주의자들에 의해 계승되었다.

신흥강습소도 후일 신흥무관학교新興武官學敎로 개편되어 독립군 양성의 중추기관으로 자리 잡게 된다. 학교의 교주校主는 둘째인 이석영이 맡았고, 교장에는 석주 이상룡李相龍, 교관으로는 이동녕, 윤기섭, 이관직, 여준 등이 있었다. 학비와 숙식에 드는 비용은 모두 무료였다. 그 비용을 우당 집안이 망명하면서 가지고 온 재산으로 충당했음은 말할 것도 없다. 제1회 졸업생은 변영태, 김훈, 김도태, 이범석, 오광선 등이었으며 우당의 아들인 이규학李圭鶴(1896~1973)도 그중에 포함되어 있었다. 이 학교가 1930년 폐교될 때까지 배출한 수천 명의 독립군들이 후일 청산리와 봉오동전투의 감격적인 승리를 이끌었던 것이다.

1918년에 이르러 고국에서 가지고온 자금이 바닥나자 이회영은 형제들에게 학교 운영을 맡기고 국내로 다시 잠입하여 고종의 중국 망명을 도모한다. 그러나 고종의 갑작스러운 사망으로 그 계획은 무위로 돌아가고 만다. 고종의 망명 계획 실패 이후, 이회영 일가는 중국의 빈민가를 전전하며 갖은 고생을 다하게 된다. 끼니도 못 잇고 굶은 채 누워 있기가 일쑤였으며 학교에 다니던 아이들 옷까지 팔아 겨우 연명할 정도였기 때문에 가족들 중 누구 하나 바깥으로 나다니지도 못하는 형편에까지 이르렀다고 한다.

그러나 우당은 생활의 어려움에 굴하지 않고 블라디보스토크와 베이징(北京), 상하이(上海) 등을 전전하며 독립운동에 헌신했고, 1921년에는 단재丹齋 신채호申采浩와 함께 무정부주의 운동을 벌이며 분열된 임시정부의 단합을 위해 조정 역할을 맡기도 하였다. 그 후 1925년에는 비밀결사조직 '다물단'의 배후 역할을, 1931년에는 한중 합작으로 항일구국연맹을 결성하여 의장으로 취임하기도 했다. 또 '흑색공포단'이라는 행동대를 조직하여 활동해 일제를 공포의 도가니로 몰아넣기도 했다. 그러나 1932년 11월 지린성에 연락근거지를 확보하고 지하 공작망조직과 만주 일본군사령관 암살을 목적으로 상하이에서 다롄(大連)으로 가던 도중 끝내 일본경찰에 체포되어 혹독한 고문 끝에 이역 땅에서 옥사하게 된다. 우당의 나이 이미 환갑이 훨씬 지난 65세였다. 우당의 6형제 중 5명이 끝내 고국으로 돌아가지도 못하고, 조국의 해방도 보지 못한 채 타국 땅에서 쓸쓸히 생을 마감한 것이다. 또한 5형제를 포함한 가족 대다수는 굶주림과 병, 그리고 고문으로 세상을 떠났고, 다섯째인 성재省齋 이시영李始榮만이 유일하게 해방 이후 살아서 귀국할 수 있었다.

1948년 정부가 수립되자 성재는 초대 부통령에 당선되었으나 대통령 이승만李承晚의 비민주적 통치에 반대하여 1951년 부통령을 사임하였다. 불의를 보면 좌시하지 못하는 가문의 전통은 해방된 조국에서도 계속된 셈이다. 우당에게는 1962년 건국훈장 독립장이 추서되었다.

이회영의 형제는 물론 그 자제들도 대부분 독립운동에 투신했으며 그들 또한 이국땅에서 엄청난 고초를 겪었고 상당수가 비참하게 생을 마감했다. 전 국정원장 이종찬李鍾贊과 국회의원 이종걸李鍾杰이 우당의 직계손자들이다. 명문가로서의 기득권을 포기하고 온 가족이 고난의 길을 자청하여 독립운동에 투신했던 이회영 일가의 일화는 사회적, 도덕적 책무를 다한 노블레스 오블리주의 귀감이다.

서대문형무소 1호 사형수, 왕산 허위

왕산旺山 허위許蔿는 이 나라 독립운동의 선구자이다. 그는 한일합방(1910)이 되기도 전인 1908년에 의병투쟁으로 일제에 의해 사형을 당할 정도로 일찌감치 항일전선에 나선 인물이다. 민비시해 이후 이병활동과 관직을 넘나들며 맹렬한 애국운동을 펼쳤고 그의 형제와 후손들까지도 항일 무장투쟁으로 조국의 해방을 위해 희생했다. 그러나 그 결과 그의 후손들은 불행하게도 중국, 러시아, 우즈베키스탄, 북한 등으로 뿔뿔이 흩어지고 말았으며 해방된 조국의 보살핌도 제대로 받지 못했다. 이 글을 쓰고 있는 동안 허위의 장손녀인 허로자 할머니께서 80세의 고령에 처음으로 고국을 방문한다는 소식이 보도되었다. 그동안 정부의 부실한 업무처리로 인해 그 알량한 독립유공보상금조차 지급받지 못했었다고 하니 그의 집안에 큰 빚을 진 나라의 국민으로서 부끄럽기 짝이 없다. 지금부터라도 조국을 위해 온몸을 던져 싸운 선조들에 대한 관심을 갖고 그 후손들을 배려하는 풍조가 생겼으면 하는 마음 간절하다.

허위는 1854년 경북 선산군 구미면에서 태어났다. 그의 집안은 대대로 유학을 숭상하던 이름 높은 학자 집안이었다고 한다. 그에게는 세 분의 형님이 있었으니, 맏형 훈薰(호는 방산舫山)을 비롯하여 둘째형 신藎(호는 노주露州)·셋째형 겸蒹(호는 성산性山)이 그들이다. 요절한 둘째형을 제외하고 맏형 허훈은 한말의 거유로 당대에 문명을 크게 떨친 대학자였으며, 셋째형 허겸도 만주·시베리아 벌판을 누비며 독립운동에 헌신한 애국지사였다. 1895년 일제에 의해 명성황후 시해사건이 일어나고 단발령이 내려지자 그는 이기찬李起燦, 이은찬李殷贊, 조동호趙東鎬 등과 의병을 일으켰다. 그러나 협공하는 관군을 당해내지 못하고 패하자 그는 김천 직지사直指寺에서 다시 의병을 일으켜 충청북도 진천까지 진격했으나, 의병 해산을 명하는 고종의 밀지를 받고 부대를 자진 해산하였다. 그 이후 허위는 대신 신기선이 고종황제에게 천거하여 벼슬길로 나가게 된다. 그 뒤 성균관박사, 주차일본공사수원駐箚日本公使隨員, 중추원의관, 평리원수반판사平理院首班判事 등을 거쳐 1904년에는 오늘날의 대법원장 서리에 해당하는 평리원서리재판장이 되어 불의와 권세에 타협하지 않고 공명정대하게 송사를 처리하여 큰 칭송을 받았다.

1904년에 접어들자 러일전쟁을 계기로 한일의정서를 강제로 조인하게 하는 등 일제의 침략이 가속화되자 이상천李相天·박규병朴圭秉 등과 함께 일본을 규탄하는 격문을 살포했다. 그 격문에는 전 국민이 의병으로 봉기할 것을 촉구하는 내용이 들어 있었다고 한다. 당시 일본의 만행에 대해 정부 관료들은 입을 다물고 있는 상황에서 왕산이 목숨을 걸고 앞장서서 규탄에 나섰던 것이다. 1907년 7월에는 헤이그 밀사사건을 계기로 고종이 강제로 퇴위당하고, 이어 8월에는 군대가 강제 해산되는 등 국권은 일제의 수중으로 완전히 들어가고 말았다. 이때 군대해산에 반발하여 우리 군인들이 항전을 시작한 것을 계기로 의병봉기는 전국적으로 확산되어갔다. 왕산은 1907년 9월 강원도와 경기도의 접경지인 연천에서 다시 의병을 일으킨 뒤 적성積城, 철원, 파주, 안협 등지에서 의병을 규합하는 한편, 각지에서 일제 군경과 전투를 벌이고 친일매국노들을 처단하였다. 그러던 중 전국의 의병부대가 연합하여 일본을 놀아내는 전쟁을 벌일 것을 계획하고 48개 부대의 의병 1만여 명이 경기도 양주에 집결하여 13도 창의군十三道倡義軍이 조직되

자 이인영을 총대장으로 추대하고 왕산은 진동창의대장鎭東倡
義大將이 되었다.

이때 서울진공작전의 선공을 맡았던 왕산은 3백 명의 선발
대를 거느리고 1908년 1월 말 동대문 밖 30리 지점까지 깊숙
이 진군하였다. 그러나 왕산의 선발대는 본대가 도착하기도
전에 미리 대비하고 있던 일본군의 공격을 받아 화력과 병력
등 전력의 열세로 말미암아 패배하고 말았다. 이어 총대장 이
인영이 부친상을 당하여 문경으로 급히 귀향하자 왕산이 대리
총대장 겸 군사장軍師長이 되어 총지휘를 맡게 되었으나 일본
군의 강력한 반격으로 서울진공작전은 좌절되었다. 13도창의
군의 서울진공작전이 실패로 돌아간 뒤, 왕산은 임진강과 한
탄강 유역을 무대로 항일전을 재개하였다. 그는 조인환趙仁煥,
권준權俊 등의 쟁쟁한 의병장들과 연합부대를 편성하여 도처
에서 유격전을 벌였다.

왕산은 군율을 엄하게 정하여 민폐가 없도록 하였고, 군비
조달 시에는 군표軍票를 발행, 뒷날 보상해줄 것을 약속하였
다. 그 결과 주민들은 의병부대를 적극적으로 후원하여 항일
전에 큰 도움을 주었다. 경기도 북부지방에서 왕산의 의병활
농이 활빌게지가 이완용이 사람을 보내 경남관찰사 자리를 제
시하며 회유했으나 일언지하에 거절하였고, 다시 사람을 보내
어 내부대신으로 임명하겠다고 유혹했으나 왕산이 크게 꾸짖
어 쫓아버렸다고 한다. 또한 과거 고종에게 자신을 천거했던
신기선이 투항을 권고하였으나, 왕산은 이를 단호히 물리치고

최후까지 일제와 투쟁할 것을 천명하였다. 1908년 4월 이강년 李康秊, 유인석, 박정빈朴正彬 등과 함께 거국적인 의병항전을 호소하는 격문을 전국의 의병부대에 발송했으며, 이어 5월에 는 박노천朴魯天, 이기학李基學 등을 서울에 보내 고종의 복위, 외교권의 회복, 통감부 철거 등 30개조의 요구조건을 통감부 에 제출하고 요구조건이 관철될 때까지 결사항전 할 것을 선 언하였다. 그러나 왕산은 이와 같은 원대한 포부를 실행에 옮 기지 못한 채 1908년 6월 은신처를 탐지한 일제에 의해 경기 도 양평에서 체포되고 만다.

서울로 압송된 왕산은 일본군 헌병사령관 아카시(明石)로 부터 직접 심문을 받게 되었다. 이때 그는 조금도 동요하는 기 색 없이 일제의 한국침략을 당당히 성토함으로써 의병장으로 서 절의를 조금도 굽히지 않았다고 한다. 아카시는 비록 자기 들에게 총을 겨누었지만 심문을 하면 할수록 왕산의 인품과 애국심에 감복하여 그를 국사國士로 대우하였다고 전해진다. 이해 10월 21일 오전 10시, 왕산은 서대문 감옥 교수대에 섰 다. 서대문 감옥이 지어진 이래 최초의 사형 집행이었다. 왕산 은 얼굴빛 하나 변하지 않고 의연한 모습을 보였다고 한다.

왕산의 봉기는 대지주이자 유학자 가문이었던 허씨 집안의 전폭적인 지지가 있어 가능했던 것이었다. 허위의 맏형이자 종손인 허훈은 3천 마지기 땅을 팔아 군자금으로 내놨고, 셋 째형 허겸은 허위와 함께 1895년 의병 투쟁에 나서기도 했다. 허위의 사촌인 허혁도 을사오적 가운데 한 사람인 이근택

습격사건에 연루돼 체포된 경력이 있다. 왕산이 희생당한 뒤 그의 집안은 의병장 집안으로 낙인찍혀 헌병과 밀정의 극심한 감시에 시달렸다. 일제의 탄압을 견디다 못한 왕산의 셋째형 허겸은 1912년 대대로 살아오던 경북 선산을 뒤로하고 왕산의 네 아들과 두 딸까지 동반하여 서간도로 망명길에 오른다. 왕산의 사촌형제인 허필과 허혁도 몇 년 지나 그 뒤를 따른다. 이후 허씨 집안은 석주 이상룡과 함께 남만주에서 부민단을 이끌며 교민들의 단합과 독립운동에 매진한다.

허위 세대가 의병을 일으켜 쓰러져가는 나라를 일으켜 세우려 했다면, 다음 세대는 독립군 활동으로 조국의 해방을 위해 희생했다. 왕산의 조카인 허형식許亨植은 1930년대와 1940년대 초반에 북만주에서 활동한 뛰어난 항일 무장투쟁 지도자이다. 본명이 허극許克인 그는 만주에서 항일유격대 활동으로 이름을 떨쳤다. 1939년 동북항일연군 제3로군 총참모장이 되었으며 1942년 8월 일본군과의 교전 중에 장렬하게 전사했다. 그는 빛나는 무장독립투쟁을 했으나 중국공산당에서 활약했다는 이유로 국내에서는 보상은 고사하고 그 찬란한 업적에 대한 조명조차 제대로 받지 못했다. 허위의 아들이자 허형식의 육촌형인 허학은 의병활동을 한 뒤 만주로 가서 독립운동을 했고, 허형식의 사촌형인 허발과 허규, 육촌인 허국도 항일투쟁 혐의로 일제의 요시찰 대상에 올랐다. 또 허형식의 사촌누이인 허길의 아들은 저항시인으로 유명한 육사 이원록이다.

허위의 가문은 의병·독립군 활동에 온 집안이 나서 희생했다. 그 결과 후손들은 불행하게도 이국땅으로 뿔뿔이 흩어져서 지금도 대부분 돌아오지 못하고 있다. 조국이 허위에게 보답한 것이라고는 해방 뒤 그의 독립운동을 기려 동대문에서 청량리에 이르는 길을 왕산로로 명명하고 건국훈장 대한민국장 1호를 추서한 것이 전부이다.

직계 3대가 항일투쟁에 헌신한 임정 초대 국무령 석주 이상룡

석주石洲 이상룡李相龍 집안은 직계 삼대 외에도 아우와 조카까지 합쳐 아홉 명의 독립유공자를 배출했다. 평생을 항일운동에 몸 바친 그의 일생에서 두드러진 족적은 군웅이 할거하던 독립운동계에서 항상 양보와 화합으로 항일조직의 결집과 내부역량을 극대화하려는 노력을 아끼지 않았다는 점이다.

석주 이상룡은 1858년 경북 안동군 법흥동 임청각에서 이승목李承穆의 장남으로 태어났다. 그는 1895년 일제가 명성황후를 시해하는 을미사변을 일으키고 단발령을 공표하자 이에 항거하여 외숙인 권세연權世淵과 함께 구국 의병활동에 나선다. 1905년에 을사조약이 체결되자 군자금을 마련하여 가야산으로 들어가 의병 투쟁에 나섰다.

그러나 구식 무기로는 일제의 신식 무기를 도저히 당할 수가 없어 신돌석, 김상태 등 의병장이 일본군에 참패하자 이상룡은 무기와 근대적 군사훈련이 부족한 의병의 한계를 자각하게 된다. 그 후 석주는 일제의 근대식 군사력에 대항하는 승산 없는 의병항쟁 대신 새로운 방향의 구국운동을 모색한다. 이 때부터 그는 새로운 문물에 눈뜨기 위해 동서양의 새로 나온 서적을 백방으로 구하여 열심히 읽었다. 신학문으로 서양의 민주제도에 눈을 뜬 후, 먼저 집안의 노비 문서부터 불살라 버리고 종들도 모두 해방시켰다. 또한 그는 신식 교육의 필요성을 절실히 느껴 유인식柳寅植, 김동삼金東三 등과 더불어 애국계몽운동愛國啓蒙運動을 전개하고 1907년 협동학교協東學校를 설립하여 후진양성에 나선다. 1909년 6월에는 계몽단체인 대한협회大韓協會 안동지회를 결성, 회장에 선출되었고 여기에서 매월 2회씩 시국강연회를 개최하여 민족 자강운동에 앞장서나 1910년 한일합방으로 대한협회도 해산되고 만다.

한편 당시 국내 최대의 비밀결사단체인 신민회新民會에서는 조국의 위기를 맞아 독립운동의 새로운 방향모색을 위해 해외에 독립군 기지개척을 추진하고 있었다. 주진수朱鎭洙와 황만영黃萬英을 통해 이 계획을 전해들은 석주는 1911년 1월 양기탁梁起鐸과 협의 후 뜻을 굳히고 서둘러 가산을 정리하여 중국 동삼성으로 망명을 떠나게 된다. 그의 망명길에는 그의 뜻에 동조하는 친척과 동지 50여 가구가 동행하였다. 53세의 나이에 항일투쟁을 위해 자신의 고향땅을 떠나 이역만리로 간다는 것은 예사사람이 내릴 수 있는 결단은 아니었다.

이상룡이 낯선 간도 땅에 도착하여 처음 정착한 곳은 길림성 유하현 삼원보였다. 그는 먼저 도착한 이동녕李東寧, 이회영李會榮, 이시영李始榮, 이동휘李東輝 등과 더불어 그곳에 새로운 생활의 터전이자 해외 독립운동의 구심체가 되는 독립군 기지개척을 시작하였다. 이상룡은 우선 동지들과 자치기구인 경학사耕學社를 조직, 사장을 맡아 벼농사를 보급하고 한인의 경제적 안정과 법적지위 보장 등 이주기반을 마련하는 데 주력했다. 그때까지 국경을 넘어온 동포들이 대부분 값싼 황무지를 빌어 화전 농사로 가난을 면치 못한 것을 본 그는, 삼원포 일대의 넓고 기름진 땅을 빌어 억새풀을 베어내고 벼농사를 짓게 하여 비로소 동포들을 굶주림에서 벗어나게 하였다. 간도에서의 벼농사는 이때 한인韓人들이 처음 시작한 것이다.

이상룡이 경학사 창설 이래 가장 심혈을 이룬 사업은 남만주 일대에 소학교를 세워 동포의 자질 향상을 꾀하는 것이었다. 아울러 무력武力 독립운동獨立運動을 통해 조국광복에 이바지할 인재 양성을 위하여, 동지들과 합의하에 신흥학교를 설립하고 국내외 청년들을 모아 문무를 겸한 군사교육을 실시하였다. 이 신흥학교는 이후 신흥무관학교로 발전, 여기서 배출된 인재들이 후일 항일 전선에 앞장서게 된다. 경학사는 거듭된 흉작과 토착민들의 반발 등 어려움을 극복하고 부민단扶民團(1912)과 한족회韓族會(1919)로 개편 발전하며 한인사회의 토착화를 이루는 데 기여하였다. 1919년 4월, 만주의 한인 대표들이 모여 군정부를 조직하자 이상룡은 총재에 추대되었다. 그러나 같은 무렵 상해에서 대한민국 임시정부가 수립되자 '해외 독립운동 선상에서 한 나라에는 하나의 정부만 있어야 한다'는 이상룡의 주장에 따라, 11월 군정부를 서로군정서西路

軍政署로 개칭하고 대한민국 임시정부를 지지하였다. 그리고 남북 만주의 비무력非武力 독립운동 단체 및 무력 독립운동 단체의 통합을 시도하였다. 그의 활동이 돋보이는 것은 끊임없이 독립운동단체들의 단결을 추진한 그의 노력 때문이다.

1925년 상해임시정부는 임시정부 지도체제를 대통령중심에서 내각책임제에 해당하는 국무령제로 바꾸었으며 이상룡을 초대 국무령에 선출하였다. 이에 그는 임시정부의 내분을 막고 독립운동을 활성화하기 위해서 9월 24일에 국무령 취임식을 거행하고 개혁에 착수하였다. 석주는 우선 일본군과의 접전 속에서 항일운동의 전위에 위치하고 있던 중국 동삼성 지역의 김동삼金東三, 오동진吳東振, 김좌진金佐鎭 등을 국무위원에 임명하여 임정이 다시금 활발한 항일무장투쟁을 이끌기를 바랐으나, 그들 대부분이 사양하여 그의 노력은 결국 수포로 돌아갔다. 상해와 간도는 각기 처한 독립운동의 상황이 너무나도 달랐던 것이다. 뿐만 아니라 민족주의 계열과 사회주의 계열 간의 대립으로 인한 임시정부의 내분도 쉽게 해결되지 않았다. 이에 크게 낙담한 이상룡은 임정 국무령직을 사임하고 서간도로 돌아왔다. 서간도로 돌아온 그는 1928년 5월, 만주 지역의 독립운동 단체만이라도 통합을 이루기 위해 대표적 독립운동 조직인 정의부正義府와 참의부參議府 및 신민부新民府의 삼부통합운동三府統合運動을 지도하였다.

그러나 1931년 9월 만주사변滿洲事變으로 만주 지역을 장악한 일제가 1932년 3월에 만주국을 수립으로써 만주에서의 독립운동이 어려워졌다. 그는 그해 5월에 길림성 서란 소성자에서 병을 얻어 그렇게 바라던 조국의 광복을 보지 못한 채 "외세 때문에 주저하지 말고 더욱 힘써 목적을 관철하라"는 유언을 남기고 영면하였다. 대한민국 정부에서는 독립운동에 헌신한 그의 공로를 높이 사서 1962년 건국훈장 독립장을 추서했다.

이상룡의 행적을 언급하며 빠뜨릴 수 없는 것이 그의 처가에 관한 것이다. 석주의 처남 백하白下 김대락金大洛(1845~1914)에게는 3명의 누이가 있었는데, 이들 중 맏이는 석주 이상룡에게 출가하였고, 막내는 기암 이중업에게 출가하여, 한일합방 때 단식으로 자결한 향산響山 이만도李晩燾의 며느리가 되었다. 이분이 바로 3.1운동 때 예안시위에 참가했다가 수비대에 잡혀 두 눈을 잃은 여성 독립운동가 김락金洛 여사이다. 김대락은 이미 65세의 고령임에도 불구하고 나라를 빼앗긴 경술년 엄동설한에 석주와 함께 만삭의 손부와 손녀를 데리고 서간도로 망명했다. 식민지에서 증손자들이 태어나면 자동적으로 일본신민이 되는 것을 참을 수 없는 치욕으로 생각했기 때문이었다. 백하의 집안도 석주의 집안과 마찬가지로 온 문중이 독립운동에 투신하였다.

항일특수공작원과 참기업인을 넘나든 유일한

유일한 만큼 인생의 편차가 큰 인물도 없을 것이다. 한 세

기 전 불과 10세의 나이에 미국으로 건너가 고학생에서 경영
자로 성장하였고, 고국에 돌아와 민족기업을 일으키고는 항일
투쟁을 위한 특수요원으로 변신하였다. 그리고는 다시 기업을
키워 사회에 환원하고 세상을 떠났다. 그는 독립운동가로, 참
된 기업가이자 기부문화의 선구자로 우리의 근대와 현대를 잇
는 진정한 노블레스 오블리주의 전범이다. "이윤의 추구는 기
업성장을 위한 필수 선행 조건이지만 기업가 개인의 부귀영화
를 위한 수단이 될 수는 없다"는 그의 말에서 남다른 기업관
을 엿볼 수 있다.

유일한은 명성황후 시해 사건이 나던 1895년 1월 5일 평안
남도 평양에서 유기연과 김기복 사이에 6남 3녀 중 장남으로
태어났다. 유기연은 장사에 남다른 소질이 있어 평양 시내에
서 농산물 도매상과 유명한 싱거Singer 미싱 대리점을 경영하
여 재력을 쌓은 상인이었다. 그는 일찍이 숭실학교를 설립했
던 미국의 북장로회 소속 선교사 사무엘 모펫Samuel Moffett에게
세례를 받았고, 단발을 앞장서서 실천한 개화인사이기도 하였
다. 기독교도 유기연은 선교사들과의 교류 속에서 서양 문명
을 접하게 되었고, 일제의 침략으로 국운이 기울고 있던 조국
의 상황을 생각하면서 아들을 선진 문명대국인 미국으로 보내
야겠다는 결심을 굳히게 된다. 그리하여 미국에 아들을 보낸
방법을 모색하던 중 1905년 2월 외부 참서관을 지낸 박장현朴
章鉉과 그의 조카 박용만朴容萬이 독립운동을 목적으로 미국
으로 가려하자, 유일한을 그들에게 동행시킨다. 도미 후 1906

년경 박장현·정한경·정양필 등과 함께 미주 중서부지역인 네브라스카주 커니시에 이주한 유일한은 1909년 6월 박용만이 헤이스팅스에 설립한 미국 내 최초의 한국독립군 사관학교인 '한인소년병학교韓人少年兵學校'에 입교하여 본격적인 군사훈련을 받게 된다. 유일한의 소년병학교 생활은 이 학교가 문을 닫는 1912년까지 계속되었다. 3년여의 기간이었지만 한참 감수성이 예민하던 시기에 열렬한 무장투쟁론자인 박용만을 지도자로 모시고, 독립운동에 헌신하려고 하는 동지들과 고락을 같이하며 받았던 소년병학교에서의 민족 군사교육은 어린 유일한에게 심신의 강건함과 담대함, 투철한 민족정신을 갖게 하는 소중한 단련의 시간이었다. 이 시기에 형성된 민족의식과 자주독립사상은 후일 그가 실천한 독립운동의 정신적 원천이었고, 참된 기업경영의 밑거름이 된다.

이후 그는 1915년 헤스팅스 고등학교를 졸업하고, 디트로이트 변전소에 취업하여 학비를 마련한 다음 1916년 미시간 주립대학 상과에 입학하게 된다. 그는 졸업반이던 1919년 4월, 대한인국민회大韓人國民會 중앙총회中央總會에서 독립운동 후원과 대한민국임시정부 수립 선전을 목적으로 필라델피아에서 한인자유대회韓人自由大會를 개최하게 되자, 서재필徐載弼, 이승만李承晩, 조병옥趙炳玉, 임병직林炳稷 등과 함께 재미 한국인 대표로 선출되어 동 대회에 참가하였다. 이 대회에서 기초작성외원회起草作成議員會 대의원으로 선출된 그는 「한국 국민의 목적과 열망을 석명釋明하는 결의문」을 작성·낭독하여 한국의 독립을 세계열강에 호소하였다.

유일한은 1919년에 대학을 졸업하고 미시간 중앙철도회사와 세계적인 전기회사인 제너럴 일렉트릭General Electric사 등에 취직했다가, 1922년 대학동창생인 월레스 스미스Wallace Smith와 동업으로 숙주나물 통조림을 생산하는 라초이 식품회사(La Choy Food Product Inc.)를 설립하였다. 1925년에는 코넬대학교 의대 출신의 중국계 소아과 의사 호미리胡美利와 결혼하여 가정을 이룬다. 그 이후 회사를 잘 경영하여 30여 만 불 정도의 자금이 마련되자 유일한은 귀국을 서둘렀다.

유일한이 귀국한 직접적인 계기는 세브란스 의전의 학장으로 있던 올리버 R. 에비슨Oliver R. Avison(1860~1956)의 초청이었다. 에비슨은 유일한이 연희전문학교 상과에서 강의를 하고, 부인 호미리가 세브란스병원의 소아과 과장을 맡아주기를 희망했다. 그러나 미국에서 자본주의의 힘을 체험했던 유일한의 선택은 달랐다. 미국에서 설립했던 라초이 식품회사의 원재료 수입을 위해 1925년 중국을 방문했던 유일한은 그 여행길에 조선을 일시 방문한 적이 있다. 이때 그가 가졌던 인상은 한마디로 '백성들이 헐벗고 굶주리고 병들었다'는 것이었다. 유일한은 이 문제를 단시일 내에 해결할 수 있는 방법은 일자리를 창출할 수 있는 기업, 그중에서도 제약회사를 키우는 일이라고 판단하였다. 그리하여 유일한은 미국의 사업체와 재산을 정리하고 귀국하여 1926년 12월에 유한양행柳韓洋行을 설립하게 된다.

그는 사업을 다각화하여 의약품 생산과 함께 위생용품, 농기구, 염료 등을 수입하여 민중의 건강과 생활 향상에 힘쓰고, 우리나라의 특산품인 화문석, 도자기, 죽제품 등을 미국에 수출하여 민족자본 형성에도 기여하였다. 이는 당초 민족의 실력양성과 경제적 자립을 염두에 두고 자신을 미국으로 유학 보냈던 부친의 뜻을 실현하기 위한 것이었고, 동시에 선생이 품고 있던 민족적 대업을 도모하기 위한 것이기도 하였다. 특히 1928년에는 동아일보 지상에 최초의 염료 광고와 약품광고를 게재하여 큰 수익을 올리는 사업 수단을 발휘하는 한편, 보스톤에서 『한국에서의 소년 시절*When I was a boy in Korea*』이란 책자를 출간하여 외국인들에게 한국의 실상을 간접적으로 홍보하는 활동도 하였다.

그 후 세계 각국과 교역을 하며 회사를 성장시킨 그는 귀국한 지 12년 되던 해인 1938년 4월 재차 도미하여 사업 활성화에 전력을 다하였다. 한편, 1940년 9월 북미 대한인국민회는, 미주와 하와이 각 단체 대표자들에게 연석회의를 개최하여 시국대책을 강구할 것을 제의하였다. 이에 따라 1941년 4월 20일 하와이 호놀룰루에서 미국 내 각 한인단체 대표들이 모여 개최한 해외한족대회海外韓族大會의 결의에 따라 같은 해 8월 미주 내 모든 단체들을 통합한 재미한족연합위원회在美韓族聯合委員會가 조직됐다. 미주 로스앤젤레스에 설치된 재미한족연합위원회 집행부 위원으로 선임된 그는 임시정부의 후원과 외교 및 독립운동자금 조성에 크게 기여하였다. 또한 12월에는 미국 육군사령부의 허가를 얻어 로스앤젤레스에 캘리포니아 주 민병대 소속으로 맹호군猛虎軍으로 알려진 한인국방경위대 韓人國防警衛隊를 편성하는 데 적극 후원하였다. 1941년에는 남가주대학(USC) 대학원에서 경영학석사 학위를 취득하기도 하였다.

1942년에는 당시 미육군 전략정보처(OSS)의 한국담당 고문으로 활약하며 소설 「대지」의 작가 펄벅Pearl Buck과 교유하기도 하였다. 유일한은 그해 8월 로스엔젤레스 시청에서 맹호군 창설과 함께 진행된 태극기 현기식懸旗式에 참여하여 이승만과 대한민국임시정부 외무부장 조소앙趙素昻 등의 축사를 낭독하였다. 이는 비록 미국에서나마 한인동포들이 일본 국민이 아니라 대한민국 임시정부의 국민임을 공식적으로 인정받는 감격의 순간이기도 하였는데, 이러한 결실이 있기까지는 유일한의 보이지 않는 활동이 밑받침이 되었음은 물론이다.

조국 광복에 대한 그의 투철한 의지는 1945년 미군의 한국 침투작전, 냅코 작전계획(Napko Project)의 참여에서 보다 명확하게 드러난다. 미육군 전략정보처(OSS)에 의해 수립된 이 계획은 반일 민족의식이 투철한 재미 한인을 선발하여 특수공작 훈련을 시킨 다음, 한국과 일본에 침투시켜 적 후방을 교란하는 작전이었다. 이 같은 작전계획은 미주에서뿐만 아니라 중국 중경의 대한민국임시정부 산하 광복군이 참여했던 독수리 작전과 동시에 진행되고 있었다.

1945년 1월 유일한은 이 작전계획의 핵심요원으로 선발되어 침투, 폭파, 통신, 낙하산훈련 등 특수공작교육을 받고, 제1조 조장으로 임명되어 '코드명 A'라는 암호명을 부여받기까지 한다. 그러나 이 작전은 일제의 항복으로 말미암아 안타깝게도 실행되지 못하였다. 그가 이미 지천명의 나이라는 50세에 접어들었을 때의 일이다. 유일한은 후에 미 국무성의 비밀문서 등을 통해 그 실체가 밝혀지기까지 평생 동안 한마디도 이 작전에 대해서 언급한 적이 없었다고 한다. 그가 어떤 유형의 사람인지를 엿보게 하는 대목이다.

광복 후 미국에서 귀국한 유일한은 유한양행을 재정비하여 사장과 회장, 그리고 대한상공회의소 초대회장으로 활동하며 국가경제 발전에 크게 이바지하였다. 인간 존중을 사업의 기본철학으로 가지고 있던 그는 육영사업에도 많은 노력을 기울였다. 일제 시대부터 종업원들의 소양교육을 위해 많은 관심을 기울였던 그는 1952년 전란 중에도 고려공과기술학교를 설립하여 교육비뿐만 아니라 숙식까지 무상으로 제공하며 숙련된 지식 노동자의 양성을 위해 심혈을 기울였다. 1965년에는 오늘날의 유한공업고등학교를 설립하였고 개인 소유주식을 각종 장학기금으로 출연하여 학교를 계속 지원하였다.

유일한은 기업경영에 있어서도 선구자적인 업적을 많이 남겼다. 그는 우리나라에서 최초로 종업원지주제를 실현한 경영자이다. 그는 유한양행을 주식회사 체제로 전환하면서 자신이 100% 소유하고 있던 주식의 52%를 액면가액 50원의 10%에 사원들에게 양도하는 파격적인 조건으로 종업원지주제를 도입한 것이다. 1962년에는 민간 기업으로서는 경성방직에 이어 두 번째로 유한양행을 상장시켰다. 액면가 100원으로 상장했는데 주가는 상장하자마자 6배로 뛰었다고 한다. 유일한은 나눔의 경영을 누구보다도 일찍이 실천한 인물이었다. 그는 1971년 세상을 떠나면서 유한양행 주식 14만 941주를 기부하는 등 여러 차례에 걸쳐 자신의 재산을 남김없이 사회사업과 교육 사업에 기부했다. 이를 종자돈으로 설립된 유한재단과 유한학원은 2005년 말 현재 유한양행의 1대주주와 3대주주로 200만 주에 가까운 주식을 보유하고 있으며 그 가치는 3,000억 원에 육박하고 있다. 유한재단은 이 자금을 바탕으로 다양한 사회사업을 펼치고 있다.

1969년 유일한은 기업경영의 일선에서 은퇴하게 된다. 그는 이때 자신과 아무런 혈연관계가 없는 조권순趙權順 전무에게 사장직을 승계하여 전문경영인 체제를 도입한다. 그에게 미국 변호사로 활동하던 유능한 아들이 있었음에도 불구하고 가족에게 경영권을 세습하지 않고 소유와 경영을 분리한 것이다. 물론 소유도 자신이나 가족의 이름으로 한 것이 아니라 자선재단과 종업원, 그리고 국민의 이름으로 한 것이다. 이러한 행동은 "기업의 소유주는 사회이다. 단지 그 관리를 개인이 할 뿐이다"라는 그의 기업관을 스스로 실천한 예이다.

유일한은 정경유착을 하지 않았고 납세의 의무를 철저히 지킨 경영자였다. 너무나도 당연한 일 아니냐고 반문할 이가 있을지 모르겠으나 1950년대와 1960년대의 기업풍토에서 그

것은 불가능한 일이었다. 그 시절의 많은 사업가들이 권력에 밀착해 이권을 따내고 부를 축적했지만 그는 역대 정권의 탄압과 유혹 속에서도 일절 정치자금을 내지 않았다. 그는 세금에 대해서도 철저했다. 세금을 탈루하는 것이 상식으로 통할 때에도 유일한은 그러지 않았다. '기업이 세금을 많이 납부해야 정부가 국민을 위해 예산을 사용할 수 있다'는 상식을 가진 그는 조금의 누락도 없이 세금을 납부했다. 정치자금을 내지 않았다는 것이 빌미가 되어 혹독한 세무조사를 수 없이 받아야 했지만 한 치의 어김도 없이 납세의 의무를 지켰기 때문에 견딜 수 있었다. 1968년에는 3개월에 걸친 세무조사 끝에 어떤 혐의도 발견되지 않자, 오히려 모범 납세자로 선정되어 정부로부터 국내 최초로 동탑산업훈장을 수상하기도 했다.

유일한은 기업인으로서만이 아닌 한 인간으로서 우리에게 귀감이 되는 인물이다. 그는 그 어려운 시절 미국으로 건너가서 각고의 노력 끝에 기업가로서 몸을 일으켰으며, 사업가로서는 꿈도 꾸기 힘든 항일투쟁의 선봉에 섰고, 나아가서 나눔을 몸소 실천한 인물이다. 그에게 기업은 목적이 아니라 나눔을 위한 수단이었다. 그는 평생에 걸쳐 자신의 가치 판단기준은 국가, 교육, 기업, 가정의 순서라고 강조했다. 노블레스 오블리주의 모범적 실천이 아닐 수 없다.

유일한은 1971년 3월 11일 76세로 운명했다. 정부는 1971년 국민훈장 무궁화상을 추서하였고 1995년에는 건국훈장 독립장을 추서하였다.

미국의 기부영웅들

미국은 새로운 노블레스 오블리주의 역사를 만들었다. 그들의 노블레스는 기부자들이다. 이제 우리 사회도 새로운 노블레스 오블리주 문화를 만들기 위해 그 영웅들의 역사를 참고해야 한다.

기부의 역사를 만든 사람 – 앤드류 카네기

앤드류 카네기Andrew Carnegie는 위대한 기부자이다. 그는 엄청난 부를 사회에 환원했다는 점에서도 훌륭하지만 미국의 역사에 찬란한 기부문화의 꽃을 피우게 한 장본인이라는 점에서 위대하다. 지금 현재 미국에 존재하고 있는 5만 6천여 개 자선재단의 시발점에 그는 우뚝 서 있다. 그는 "인간의 일생은 두 시기로 나누어야 한다. 전반부는 부를 획득하는 시기이고, 후반부는 부를 나누는 시기여야 한다"는 신념을 지니고 있었으며, 일생을 그러한 자신의 신념에 충실하게 산 사람이었다. 그는 또 일찍이 자신이 집필한 『부의 복음Gospel of wealth』에서 "부자인 채 죽는 것은 정말 부끄러운 일"이라며 부의 사회 환원이 부자들의 신성한 의무임을 강조한 선각자였다.

카네기는 1835년 스코틀랜드에서 가난한 수직공의 아들로 태어났다. 아버지는 급진적인 좌파 성향의 정치색을 띤 인물이었다. 그러나 카네기는 아버지의 정치적인 이념보다는 지긋지긋한 가난에서 벗어나는 데 더 많은 관심이 있었다. 1848년 가족과 함께 미국으로 이민을 간 그는 펜실베이니아주 피츠버그의 슬럼가에 정착한다. 카네기는 13살 때부터 섬유기계공, 증기기관 관리자, 전보배달원, 전신기사 등의 여러 직업에 종사하다가 1853년 펜실바니아 철도회사에 취직하게 된다. 그곳에서 당시 철도고위관리인이었던 토마스 스콧의 눈에 들어 그의 비서로 일하게 된다. 전쟁 후 스콧은 자신의 철도관리인 직을 카네기에게 물려준다. 안정되고 높은 소득이 보장된 철도관리인으로 일하면서 카네기는 수입을 침대차회사에 투자하여 큰 이익을 얻었으며 철도기재제조회사·운송회사·석유회사 등에도 투자하여 상당한 수익을 얻는다. 이때 주식 투자로 번 돈은 훗날 창업자금이 된다.

1865년 철강 수요의 증대를 예견한 그는 철도회사를 사직하고 독자적으로 철강업을 경영하기 시작한다. 그는 사업을 시작하기 전에 수시로 영국을 방문하여 철강 산업의 엄청난 성장을 목격한다. 그는 현대 산업이 기존의 철 기반에서 강철 기반으로 넘어간다는 사실을 간파, 영국 기술자인 베서머로부터 최신식 용광로를 구매하고 본격적인 강철 제조 사업에 뛰어든다. 그리하여 1872년에는 미국 최초로 거대한 평로平爐를 가진 홈스테드 제강소를 건설하게 된다. 전쟁 뒤 미국은 철의 수요가 급증했다. 영국 역시 철도 산업이 붐을 맞으면서 철강의 수요가 전례 없이 치솟았다. 때를 만난 강철 산업의 호황으로 카네기의 사업은 승승장구, 어느새 수백만 달러가 넘는 돈을 벌어들인다. 1870년대부터 미국 산업계에 일기 시작한 기업합병 붐을 타고, 그는 피츠버그의 제강소를 중심으로 석탄, 철광석, 광석 운반용 철도, 선박 등을 수직계열화하는 하나의 대 철강 트러스트를 형성하게 된다.

1889년에는 오랜 동업자인 헨리 프릭에게 회사의 사장직을 물려주고 자신은 뉴욕에서 연구 개발에 몰두하기도 하였다. 1892년에는 미국 전역에 흩어져 있던 생산라인을 규합해 카네기 철강회사(Carnegie Steel Company)를 설립하는데, 이 회사는 당시 세계 최대의 철강 트러스트로서 미국 철강 생산의 4분의 1 이상을 생산하는 규모였다. 이스음 회사의 이익을 늘리는 데 혈안이 된 프릭은 1892년 대규모 파업이 발생했을 때 300여 명의 파업 저지대를 조직, 시위자들을 무차별 폭행하며 파업을 무력화시켰다. 이때의 난동으로 10명이 사망하고 60여

명이 부상하는 참극이 벌어졌으며, 주지사의 명령으로 군대까지 동원하여 진압하였다. 이런 불상사까지 빚으며 카네기 철강은 노조를 끝내 해산시킨다. 이런 가혹한 노조 탄압 뒤 카네기 철강은 기적적인 급성장을 기록한다. 1900년 강철 생산량은 10배가 넘게 증가했으며, 매출은 20배 이상 오른다. 당시 카네기 철강이 생산하는 강철의 양은 영국 전체에서 생산되는 강철의 양보다도 많았다.

1901년 카네기는 자신의 철강 회사를 JP 모건JP Morgan에 5억 달러에 매각한다. 당시 일본예산이 1억 3천만 달러였다고 하니 이것이 얼마나 큰돈이었는지는 쉽게 짐작할 수 있다. JP 모건은 카네기 철강을 인수함으로써 미국 철강시장의 65%를 지배하는 US 스틸을 탄생시킨다. 이 합병을 계기로 카네기는 실업계에서 은퇴하여 본격적인 자선사업의 길로 접어들게 된다. 그의 신념대로 '부를 나누는 시기'인 후반부 인생을 시작한 것이다. 카네기는 이 돈으로 인류 발전을 위한 기금을 운영한다. 그는 미국과 영국에 총 3,000개의 도서관을 지었으며, 미국의 과학 발전을 위해 카네기 과학 연구원과 기술원을 잇달아 설립한다. 이 연구소는 후일 미국의 명문대학이 되는 카네기 멜론 대학의 모태가 된다. 그는 또 각종 문화 예술 분야에 거액을 쾌척했으며, 전쟁을 예방하기 위한 세계 평화를 위한 기금(Endowment for International Peace)도 설립한다. 카네기 홀, 카네기 인스티튜드, 피츠버그의 기네기 도서관, 카네기 박물관, 스코틀랜드대학의 카네기 장학기금, 워싱턴 카네기 인스티튜트, 덤퍼린 카네기 장학기금, 뉴욕의 카네기 코퍼레이션 등이 모두 그가 만든 단체들이다. 카네기재단이 관심을 갖고 있는 분야는 교육, 국제 평화와 안전, 국제 발전, 미국 민주주의의 발전 등 4가지 분야인데, 그중 교육 분야에 가장 많은 투자를 하고 있다.

카네기는 기업을 매각한 후 18년간의 여생 동안 자신의 부를 다른 사람들에게 나누어 주는 데 썼다. 그는 오랫동안 어떻게 하면 가장 최선의 방법으로 부를 나누어 줄 수 있을 것인지를 고심했다. 카네기에 의하면 잉여자산을 처분할 수 있는 방법은 3가지가 있다. 첫 번째 방법은 자손들에게 물려주는 것이고, 두 번째는 공익기관에 유증하는 것, 그리고 세 번째는 살아있는 동안 소유자들이 직접 관리하여 사회에 기여하는 것이다.

카네기는 자손들에게 부를 물려주는 첫 번째 방법은 그것을 물려받은 사람들에게 불행을 초래하기 때문에 좋은 방법이 아니라고 말한다. 그는 "많은 유산은 의타심과 나약함을 유발하고 비창조적인 삶을 살게 하는 경향이 있으므로 만약 당신이 자식의 진정한 행복을 생각한다면 결코 많은 재산을 물려주지 말아야 할 것"이라고 주장한다. 그는 "자식에게 막대한 유산을 남겨주는 것은 독이나 지주를 남겨주는 것과 같다"고 경고하고 있다.

두 번째 방법인 공익을 위해 부를 유증하는 것에 대해서는 이렇게 말한다. "일반적으로 유증된 재산이 쓰이는 것을 볼 때, 그 재산이 당신 사후에 당신이 바라던 대로 사용될 것이라는 희망을 가지기는 힘들다. 유증자가 바라던 진정한 목적이 이루어지지 않는 경우가 대부분이며, 유증자의 소망이 무시되는 경우도 많기 때문이다. 많은 경우, 유증된 재산은 자신의 어리석음을 기념하는 기념물로 이용된다."

카네기는 세 번째의 경우가 가장 적합하다고 확신했다. 그는 경영수완과 무한한 창의력을 가진 부자들은 자신의 부를 나누어 주는 방법과 기술도 창안해 내야 한다고 주장한다. 만약 그들이 가난이 무엇인지 안다면, 경험에 의해 가난한 사람들이 그것을 극복하고 일어설 수 있는 방법도 알고 있을 것이므로 가난한 사람들을 효과적으로 도울 수 있다는 것이다. 그에 의하면 "부자는 자신에게 신탁된 재산을 관리하라는 소명을 받은 자에 지나지 않는다. 그러므로 잉여재산을 지역사회에 최상의 혜택을 줄 수 있는 방식으로 관리해야 할 의무를 갖고 있다. 따라서 부자는 단순한 수탁자에 불과하며 이웃의 가난한 사람들을 위한 대리자에 지나지 않는다"는 것이다.

카네기는 가난의 경험이 있었기 때문에 자선이라는 것이 어떠한 효과를 갖게 되는지 잘 알고 있었다. 그는 맹목적으로 광범위하게 베풀어지는 단순한 자선에 대해 반대했다. 그는 "오늘날 이른바 자선이라는 이름으로 쓰이는 1,000달러 가운데 950달러 정도는 바람직하지 않게 사용되고 있다. 그런 자선행위는 그것을 통해 치유 내지는 경감시키려 했던 악을 오히려 유발할 수도 있다"고 경고했다. 그는 부를 축적하는 데

에도 뛰어났지만 부를 나누는 것에도 혜안을 갖고 있는 사람이었다. 그는 자신의 신념을 실천한 위대한 인물이었으며 결코 부끄럽지 않은 부자였다. "통장에 많은 돈을 남기고 죽은 사람처럼 치욕적인 인생은 없다. 재물은 남을 위해 사용될 때 더욱 빛을 발한다." 카네기가 남긴 말이다.

당대의 가장 혐오스러운 인간에서 위대한 기부자로—존 록펠러

록펠러John Davison Rockefeller는 양극을 오가는 인생을 산 사람이다. 그는 석유 회사 스탠더드 오일을 설립해서 세계 제일의 부자가 되었지만 사생활에서는 독실한 청교도인으로 성실과 경건함을 삶의 최고 가치로 여겼다. 그는 편법으로 석유사업의 동맥인 철도를 장악하고 리베이트와 뇌물로 경쟁자들을 쓰러뜨리면서 1870년 후반에는 미국 정유 능력의 95%를 독점해 경제발전에 수많은 폐해를 끼쳤다. 결국 록펠러로 인해 독점 금지법이 발효되었고, 스탠더드 오일은 여러 개의 석유 회사로 분할된다. 회사가 해체된 후에는 주가가 더욱 올라 사상 최고의 부자가 된 그는 "하느님의 뜻에 의해" 막대한 재산을 사회에 환원했으며, 은퇴 후 죽을 때까지 검소하고 독실한 농부로 살았다.

1839년 뉴욕주 리치포드의 가난한 가정에서 태어난 록펠러는 기독교 근본주의 교육을 받고 자랐다. 14세 때 클리블랜드로 이사가 고등학교를 마친 뒤 휴이트 앤 터틀이라는 곡물도

매회사의 경리로 사회생활을 시작한다. 당시의 그에게 일과 신앙은 삶의 기둥이었다. 1859년 동료인 모리스 클라크와 함께 클라크 앤 록펠러사를 설립하여 생필품과 음식을 팔아 엄청난 돈을 벌었고, 나중엔 미국에서 생산된 석유를 판매하기 시작한다. 그러다 부업삼아 클리블랜드에 정유소를 세운 것이 록펠러의 인생을 바꾸게 된다. 남북전쟁이 시작되면서 군수물자의 운송이 필요했고 클리블랜드 인근 타이터스빌에서 유정이 발견되자 석유산업은 급성장하였다. 록펠러는 석유 운송과 정유사업의 전망을 좋게 보고 사업 확장을 시도하게 된다. 그의 전망은 적중해 석유 운송 사업에서 큰돈을 벌게 되었고 1870년에는 자본금 100만 달러의 스탠더드 오일을 창업하기에 이르렀다.

불황기에 철도와 석유사업자 간의 카르텔을 구성해 운송료와 석유산업의 마진을 조정했고, 이 카르텔에 들어오기를 거부하는 사업자는 시장에서 퇴출시키는 전략을 통해 록펠러는 미국 석유시장의 95%를 장악하는 독점 자본가가 되었다.

이런 식으로 모든 경쟁사를 무너뜨린 록펠러는 독점 자본가로써 악명을 드높인다. 그는 자기 회사의 노동 운동을 철저히 탄압했으며, 끊임없이 경쟁사들을 몰락시키고 시장을 지배해 나갔다. 1882년 40개의 회사를 트러스트로 묶어 독점의 횡포를 부리는 그에게 대중은 '당대에 가장 혐오스러운 인물'이라는 꼬리표를 달아 주었다. 당시 대통령이었던 루스벨트는 "록펠러가 얼마나 선행을 하든 그 부를 쌓기 위해 저지른 악행을 갚을 수는 없다"고 말할 정도였다. 미국 사회는 이 집요하고 잔혹한 석유 독재자를 결코 수수방관하지 않았다. 결국 록펠러로 인해 미국에 독점 금지법이 생기게 되며, 1911년 미국 연방법원은 끝내 스탠더드 오일의 해체를 명한다. 이런 과정을 거쳐 세계 역사상 가장 거대했던 이 석유 독점 기업은 34개의 회사로 분할됐으며, 이것은 오늘날의 엑손, 쉐브론, 모빌, 아모코 같은 석유 기업들이 탄생하는 계기가 되었다.

록펠러의 스탠더드 오일 지분은 1896년에 4,000만 달러규모였으나 경영일선에서 물러난 1897년에는 2억 달러로 늘어났다. 독점금지법 위반판결로 회사가 해체된 후에는 주가가 더욱 올라 1913년에는 10억 달러의 재산을 갖게 된다. 인플레이션을 감안하면 사상 최고의 부자가 된 것이다. 은퇴 후 록펠러는 자선사업에 몰두하게 된다. 자신의 재산관리를 10년 동안 담당해온 프레더릭 게이츠 목사의 영향도 있었지만 강철왕 카네기와의 자선사업경쟁도 의식했기 때문이다. 그는 '세계 인류의 복지증진'이라는 거창한 슬로건과 함께 록펠러 재단을 출범시키는 한편 시카고대학 설립을 위해 6,000만 달러 이상을 기부하고, 그 후에도 3억 5,000만 달러를 기부하였다. 록펠러 의학연구소와 다양한 교육재단의 설립을 위해서도 수많은 기부활동을 펼쳤나 오늘날의 화폐가치로 계산해 볼 때 그는 거의 60억 달러를 사회에 환원하였다.

1920년대 말의 대공황 때에도 록펠러의 진가가 발휘되었다. 미국 정부는 대공황이 닥치자 실업을 해소하기 위해 엠파

이어스테이트빌딩, 후버댐, 금문교를 건립했다. 이때 록펠러는 정부사업에 버금가는 사업을 벌인다. 1928년 착공한 록펠러센터는 당초 계획보다 훨씬 큰 고층빌딩으로 확대 건축되어 실업 해소에 기여했다. 또 제2차 세계대전 후 국제연합의 탄생에 대해 국가 간 합의가 이뤄졌을 때 록펠러 재단은 뉴욕시 내의 땅을 매입해 UN건물을 지을 수 있도록 무상기증했다. 그러나 그는 자신과 가족을 위해선 돈을 쓰지 않았다. 그는 세계 최고의 부자이면서도 죽기 직전까지 수도승처럼 살았다. 술, 담배를 가까이 하지 않았으며 파티나 극장에 가는 일도 없었다. 자식들 용돈도 같은 또래 친구보다 적게 주었다. 1937년 그가 98세의 나이로 죽을 때까지 그의 생활은 주변에 사는 다른 농부들과 조금도 다를 것이 없었다. 아침에 일찍 일어나 열심히 농사일을 하고, 해 떨어지면 바로 잠자리에 들고 일요일은 종일 교회에서 보냈다.

규모로만 따진다면 현재의 빌 게이츠의 재단이 더 클지 몰라도 부자들의 기부에 대한 인식을 바꾸는 중요한 일을 한 것은 100년 전의 록펠러와 카네기이다. 그들이 기부의 역사를 창조한 것이다. 록펠러가 부만을 쫓았다면 이 악랄한 기업가에 대한 대중의 분노는 사그라지지 않았을 것이다. 그러나 그는 변신했다. 54세 된 해 병을 얻어 2년 동안 와병한 뒤 1937년 98세로 세상을 떠날 때까지 그는 자선 사업가로 제2의 인생을 살았다. 시카고대학 록펠러 의학연구소, 일반교육이사회, 록펠러 재단 등등. 말년에 거액의 재산을 각종 재단에 희사

揚하는 그에게 사람들은 따뜻한 시선을 던졌다. 기부 정신의 대물림도 간과할 수 없는 대목이다. 록펠러의 기부는 당대에 그치지 않았다. 그는 외아들 록펠러 2세를 자선사업가로 키우는 데 말년의 열정을 쏟았다. 록펠러 가문을 통해 흐르는 기부의 참뜻은 자발적 사회 공헌이다. 록펠러는 "신에게서 돈을 버는 재능을 부여 받았기에 더 많은 돈을 주위 사람들에게 명하는 대로 써야 한다"고 말해왔다. 록펠러의 그런 약속에는 사람에 대한 따뜻함이 스며 있었다. 록펠러는 보이지 않게 사회사업을 했다. 시카고대학이 설립자 록펠러의 이름을 학교명에 집어넣겠다고 했지만 그는 극구 사양했다. 그는 자신이 기증한 건물에 이름이 새겨지는 것까지도 끝내 거절했다.

록펠러는 자선을 베푸는 방식에 대해서도 많은 고민을 했다. 록펠러는 돈을 벌 때에는 정신적, 육체적으로 별 문제가 없었다. 그런데 사회사업을 하면서 신경쇠약 증세가 나타나기 시작했다. 돈을 달라고 내미는 손은 너무 많은데, 누구에게 어떻게 주어야 할지를 결정하기가 힘들었기 때문이다. 그는 자선사업을 하면서도 자신이 지원하는 사회사업들이 자생력을 갖추는 데 가장 신경을 썼다. 아무리 돈을 쏟아 부어도 해당 단체들이 제대로 운영되지 않으면 밑 빠진 독에 물 붓기나 마찬가지이기 때문이다 따라서 록펠러의 돈에만 의지하지 않고 실질적인 사회공헌을 통해 다른 사람들에게서도 지속적으로 기부를 받을 수 있는 역량을 갖추는 것이 급선무였다. 이를 위해 록펠러는 한 번에 큰돈을 지원하지 않았다. 그는 종자돈(seed money)을 먼저 지원한 뒤 사업진행 상황을 살펴보면서 제대로 굴러갈 전망이 서야 지원액수를 늘려갔다. 다른 경로를 통해 사업자금을 지원받도록 유도하는 데도 적극적이었다. 록펠러 재단은 극빈자에게 직접 돈을 주거나 음식물을 지원하는 봉사 활동은 하지 않는다. 그들은 아프리카에 있는 대학교에 장학금은 줘도, 아프리카 난민을 위한 음식물 제공은 하지 않는다. 록펠러재단의 식량안전사업도 아프리카에 음식물을 공급하는 것이 아니라 생산량이 많은 씨앗종자와 토지를 비옥하게 하는 비료를 개발하고 제공하는 쪽에 초점을 맞추고 있다. 직접 기부도 필요하지만 진정한 자선사업은 빈자와 부자가 동등한 위치에 설수 있도록 도움을 주는 것이란 뜻에서이다. 빈자들에게 기회를 주고 스스로 돈을 벌 수 있는 기회와 능력을 만들어 주는 게 더 좋다는 것이다. 록펠러 재단이나 뒤를 이은 많은 자선단체들이 직접 지원보다 교육 사업에 가장 많은 노력을 기울이는 것도 바로 이런 이유 때문이다.

록펠러 방식은 실천하기 어려운 길이다. 돈을 그냥 쾌척하는 것과 달리 기업을 경영하듯 지속적으로 관심을 기울여야 하기 때문이다. 그의 방식은 지원받는 단체들로부터 썩 좋은 소리를 듣기도 어렵다. 돈 많은 사람이 짜게 군다는 비난이 나오기도 쉽다. 그러니 그것이 진정으로 그들을 돕는 길이라는 것이 록펠러의 기부철학이다. 그의 인생 전반부는 악명 높은 기업인이었으나, 그 후반부는 위대한 기부자의 삶이었다.

세계 최고의 부자, 세계 최고의 기부자 – 빌 게이츠

빌 게이츠는 현대 노블레스 오블리주 정신의 개척자이며 세계의 기부황제이다. 그는 1986년 마이크로소프트(MS)가 상장되면서 서른한 살의 나이에 역사상 가장 어린 억만장자가 되었으며 포브스 선정 '세계의 갑부' 1위 자리를 10여 년째 장기집권하고 있는 인물이다. 그는 또한 「파이낸셜 타임스」가 선정하는 존경받는 세계의 비즈니스 리더이며 300억 달러에 달하는 재산을 기부한 세계 최고의 자선가이기도 하다. 그는 카네기가 물꼬를 튼 기부의 전통을 100년 만에 찬란한 기부문화로 승화시킨 새 시대의 영웅이다.

워싱턴주 시애틀에서 1955년 출생한 빌 게이츠는 13세에 컴퓨터 프로그래밍을 독학으로 깨우쳤다. 하버드 대학을 중퇴하고 19세에 친구인 폴 앨런과 1,500달러를 자본으로 MS사를 설립했다. 아직 컴퓨터가 상용화되지 않았던 시절, 빌 게이츠는 '모든 책상 위에 컴퓨터를, 모든 가정에 컴퓨터를'이라는 원대한 꿈을 꾸었고 그 꿈을 실현하고 있다. 1995년 윈도우의 개발로 세계 소프트웨어 시장을 석권했으며 지금 MS의 매출은 연 400억 달러를 넘는다.

이제 그가 관심을 갖고 있는 사업은 전 인류의 복지향상이다. 그는 "사회에서 성공을 하고 부를 쌓은 모든 사람들은 어떻게 사회에 부를 환원하고 불평등을 개선할 것인가를 깊이 생각해야 한다"며 제3세계의 빈민 구호와 질병 퇴치를 위해 앞장서고 있다. 빌 게이츠는 매년 저개발 국가 어린이의 교육, 난치병 연구 등 사회 공헌 프로그램에 천문학적인 규모의 돈을 기부하고 있다. 그가 자선사업을 위해 아내와 함께 만든 '빌 앤 멜린다 게이츠 재단'은 현재 기금이 350억 달러에 달하고, 매년 14억 달러를 각종 연구 등에 기부할 정도로 규모가 커졌다. 최근 그의 재단이 미국 내 소수민족학생을 위해 기부한 장학금만 18억 달러에 이르며, 아프리카 어린이 말라리아 퇴치 등을 위해서도 32억 달러를 기부했다. 최근 들어 그가 행한 선행 중 가장 화제를 불러일으키고 있는 것은 결핵 퇴치를 위한 거액의 기금 쾌척이다. 게이츠 재단은 지난 2004년 2월 결핵 백신 연구용으로 8,300만 달러를 '에어러스 글로벌 결핵 백신재단'에 기부했다. 게이츠 재단이 기부한 이 액수는 연간 전 세계 결핵 백신 연구비용의 2배가 넘는 액수이다.

빌 게이츠의 자선사업은 개인의 도덕적 책무 수준을 넘어서는 인류를 위한 복지사업이다. 그의 자선사업에는 그의 가족은 물론 그가 경영하는 MS도 적극 동참하고 있다. 그는 현재 회사 직원 전체의 자선 활동을 촉진시키기 위해 직원들이 돈을 기부하면 그 금액만큼 회사에서도 기부하는 '기빙 매치 Giving Match 프로그램'을 실시하고 있다. 빌 게이츠는 나눔을 문화의 차원으로 끌어올린 위대한 기부자이다.

그런 빌 게이츠가 2006년 6월 세계를 깜짝 놀라게 하는 발표를 했다. 은퇴를 선언한 것이다. 그는 회사 측을 통해 낸 발표문을 통해 2008년 7월 31일자로 MS의 경영에서 손을 떼고 자신이 세운 자선기관인 '빌 앤 멜린다 게이츠 재단' 업무에 주력할 뜻을 밝혔다. 그는 발표문에서 "나에게는 힘든 결정이었다"며, "마이크로소프트사의 성공으로 나는 엄청난 부를 얻었다. 그러므로 나에게는 부를 사회에 돌려줄 큰 책임이 있고, 또 최선의 방식으로 돌려줘야 한다고 믿는다"고 덧붙였다. 검소한 생활태도로 많은 사람들의 사랑과 존경을 받고 있는 그는 이미 오래 전에 자신이 가진 전 재산의 무려 99%를 사회에 내놓고 세 자녀에게는 각각 천만 달러씩만 상속하겠다고 선언한 바 있다. 그가 과거의 기부자들과 다른 점은 수단과 방법을 가리지 않고 부를 축적하다가 인생의 말년에 대오각성하여 자선사업에 나선 것이 아니라 젊어서부터 거액기부를 실천하고 있다는 점이다.

그가 이제 세계의 기부역사를 새로 쓰려고 한다. 그의 능력과 철학으로 자선사업에 전념한다면 세계의 기부문화를 바꿔놓고도 남음이 있을 것이다. 그의 발표가 있자마자 그의 아버지뻘 친구인 워렌 버핏이 빌 앤 멜린다 게이츠 재단에 "빌 게이츠가 믿음이 가고 그가 잘 할 것 같아서"라는 이유만으로 370억 달러에 달하는 거금을 쾌척한 것이 그 증거이다.

세계 최고의 부자에게 재산을 맡긴 세계 2위의 부자 - 워렌 버핏

2006년 6월, 세계 2위의 부자 워렌 버핏은 세계 최고의 부자인 빌 게이츠의 재단에 370억 달러에 달하는 거액의 재산을 기부함으로써 세계의 이목을 집중시킨 바 있다. 자신의 작고한 부인과 자식들 명의의 재단이 여럿 있음에도 불구하고 그 큰돈을 '믿음이 가고, 자신보다 운영을 잘 할 것'이라는 이유만으로, 친구라고는 하지만 남인 빌 게이츠의 재단에 선뜻 쾌척한 것이다. 참으로 '투자의 귀재'요 '오마하의 현인'다운 발상이 아닐 수 없다.

불법상속으로 감옥에 갈 위기에 처해 있었던 것도 아니고 기업관련 비리로 세상의 지탄을 받는 입장도 아니었다는 점에서 버핏의 선행은 더욱 빛을 발했다. 자신의 이름을 남기려는 시도조차도 하지 않은 점은 부자들의 기부를 색안경 끼고 보는 습관에 젖어있는 우리들을 부끄럽게 만들고도 남았다.

그 기부로 버핏은 찬란하게 빛나는 미국의 기부전통에 한 페이지를 추가하는 위대한 업적을 이룬 셈이다. 미국의 역사에 면면히 흐르는 나눔의 전통은 미국과 미국의 기업인들을 곱지 않은 시선으로 바라보던 사람들마저도 그들을 마냥 미워할 수 없게 만드는 측면이 있다. 그러한 전통은 미국인들 사이에서도 '천당 가기가 낙타가 바늘구멍 통과하기보다 힘들다'는 부자를 존경받게 만드는 원동력이 되고 있는 것이다.

버핏이 자식들에게로의 상속은 물론 자신의 이름을 붙인 재단을 만들지도 않고 별다른 요구조건 없이 단지 기부금을 효율적으로 운영할 것이라는 믿음 하나만으로 남의 재단에 거액을 희사한 것은 그 기부의 순수성을 더욱 숭고하게 하며 기부문화의 새로운 지평을 여는 전환점이 되었다. 기부를 받는 빌 게이츠 또한 자신의 기업인 마이크로소프트의 경영일선에서 물러나 자선사업에 전념하겠다는 선언을 이미 한 바 있어 새로운 기부문화의 창달에 빛을 더하였다.

그런 살신성인의 기부를 할 수 있는 버핏은 참으로 크게 깨우친 사람이 아닐 수 없으며 진정으로 잘 사는 길이 무엇인지 아는 사람임에 틀림없다. "자식에게 너무 많은 돈을 물려주는 것은 사회를 위해서도, 자식을 위해서도 좋지 않다"는 버핏이니 능히 그럴 만도 하다. 그는 "내 자식들이 내가 이 사회에서 차지하는 위치를 물려받을 수는 없다"며 "부가 왕조적으로 세습되어서는 안 된다"고도 했다. 현인이 아니고서는 결코 할 수 없는 말이다. 이런 아버지의 뜻을 일찍부터 이해했는지 그의 자식들도 이미 자신들의 자선재단을 각기 운영하고 있다 한다.

흔히들 '이 세상에 쓰고 간 만큼이 자기 돈'이라고들 하는데 그런 관점에서도 워렌 버핏은 돈을 쓸 줄 아는 사람이고, 돈쓰기의 모범을 보인 사람이다. 미국이 밉다가도 진정으로 미워할 수 없는 이유는 바로 이러한 기부문화의 전통에 있다.

또 이러한 전통이 부자를 존경하게 만드는 사회 분위기를 만들어 오고 있는 것이다. 버핏의 기부가 눈에 띄는 또 다른 이유는 재산의 상당 부분을 살아 있을 때 기부하기로 했다는 점이다. 그의 기부를 계기로 '기부 활동을 하려면 살아있을 때 하자'는 움직임이 미국 부자들 사이에 퍼지고 있다고 한다. 굳이 세계적으로 소문난 부자가 아니더라도, 어느 정도 돈이 있는 사람들 사이에는 '생전 기부'가 뚜렷한 흐름이 되고 있다고 하니, 기부문화의 흐름을 바꾼 큰 기여가 아닐 수 없다.

1930년 대공황 때 네브래스카주 오마하에서 주식 거래상의 둘째 아들로 출생, 11살 때 처음 주식 투자를 시작한 워렌 버핏은 가치투자의 선구자이며 그것으로 엄청난 부의 성을 쌓았다. 그러나 그는 1958년 고향에서 3만 1,500달러를 주고 산 낡은 집에서 지금까지 계속 살고 있으며 맥도날드 햄버거와 코카콜라를 즐기고 오래된 중고 자동차를 직접 몰고 다니는 검소한 생활을 하고 있다. 그러한 그가 자기 재산의 대부분을 세상을 위해 내놓은 것이다. 그는 진정 가치 있는 일이 무엇인지를 아는 사람이다. 그러한 버핏의 마지막 투자 역시 엄청난 가치를 발휘할 것임은 불문가지의 일이다.

미국과 UN을 놀라게 한 기부자 - 테드 터너

CNN방송의 창업자 테드 터너는 그의 독특한 행적으로 이 시대를 대표할 만한 인물이다. 그는 천재적인 아이디어맨이며 창의적인 사업가이자 과감한 기부자로서, 열정과 도전으로 가득 찬 인생을 살고 있는 사람이다. 그는 테러리즘을 반대하는 인도주의자이며 자연생태보호를 주장하는 환경주의자이다. 또한 그는 여성의 권리를 외치는 인권주의자이며 핵 군축을 주장하고 이라크전을 반대하는 평화주의자이기도 하다.

미국정부가 내지 않는 거액의 UN 분담금 10억 달러를 쾌척하여 세계를 놀라게 한 바 있는 테드 터너는 UN 외에도 수 없이 많은 자선사업과 비영리단체들을 지원하고 있다. 그는 개인 재산의 반 이상을 보건, 환경 보호와 야생생물 보호, 인권 그리고 인구 증가와 관련된 문제들을 다루는 단체들에 투자했다. 그가 1990년에 설립한 터너 재단(Turner Foundation)은 핵무기 통제, 10대의 임신 예방, 멸종위기에 놓여있는 미국 흰두루미 보호, 러시아의 환경정화 운동 등에 4,900만 달러를 기부하기도 했다. 1994년에도 그는 2억 달러를 자선단체에 기부한 바 있다.

미국 내에 200만 에이커에 달하는 농경지를 소유하고 있는 최고의 땅 부자이기도 한 터너는 그 땅에서 1997년부터 '터너 멸종위기종 보호기금'을 통해 토착식물과 새, 물고기 및 포유동물의 보전 등 생태계 회복운동에도 많은 노력을 기울이고 있다. 1999년에는 자국 정부로부터 공격받고 있던 세르비아 남부 코소보의 피난민들을 지원하기 위해 100만 달러를 기부하기도 했고, 2000년에는 4,400만 달러를 574개의 환경단체 및 인구조절단체에 기부하였다. 또한 2000년 모스크바에서 있었던 '세계의 안전을 위한 회의'에서 블라디미르 푸틴Vladimir Putin 러시아 대통령과의 면담 후 터너는 대량 살상 무기의 위험을 경감시키고자 하는 NGO 단체인 '핵 위협 이니셔티브 (Nuclear Threat Initiative)'에 2억 5천만 달러를 기부하기도 했다. 2002년에는 미국 정부도 주저했던 유고슬라비아의 원전 해체 및 러시아 이전 비용으로 500만 달러를 내놓아 또 한 번

세상을 놀라게 했다.

그는 "항상 지구 전체에 관심이 있습니다. 우리 후손들에게 평화롭고 안전한 세상을 남겨주는 것보다 더 위대한 유산은 없습니다"라고 말한다. 기부를 통한 간접지원 이외에 그는 다양한 단체에 관계하며 자신이 직접 활동에 나서기도 한다. 그는 UN재단의 이사장이며 그 외에도 마틴 루터 킹 비폭력 혁신센터, 그레이터 옐로우스톤 콜리션, 스미소니언 아메리칸 인디언 박물관을 위한 국제기부자 협회 등의 이사회에서 활동하고 있으며 원자력시대 평화재단 자문단의 일원이기도 하다.

그는 또 "돈이 많아도 어디에 써야 할지를 모르는 사람들이 의외로 많다. 쓸 줄 모르는 사람에게는 아무리 재산이 많아도 의미가 없다"며 부자들의 기부를 독려하기도 한다. 그가 빌 게이츠나 워렌 버핏을 설득, 위대한 기부자로 변신시키는 데 기여했다는 것은 널리 알려진 사실이다. 테드 터너는 사업에만 몰두하고 있던 빌 게이츠에게 "너무 많은 돈을 은행에 예금하고 미래를 준비하는 것은 참으로 불행한 일이라네. 그 돈으로 남을 돕는다면 인생이 훨씬 풍요로워질 텐데……"라고 충고했고, 빌 게이츠는 이 말에 감동을 받아 자선사업가로 거듭나게 되었다고 한다.

지금은 세계적인 부호이지만 터너는 불우한 가정에서 태어나 역경을 딛고 일어선 사람이다. 그는 1938년 오하이오주 신시내티에서 태어났다. 간판광고업에 종사하던 그의 아버지는 사업부진으로 그가 25세 되던 해에 권총으로 스스로 목숨을 끊는다. 그 이후 터너는 자신이 사업에 뛰어들어 "폭탄이 아닌, 아이디어로 세상을 정복하겠다"며 성공을 향해 끊임없이 도전한다. 1975년 터너는 최초로 통신위성을 이용하여 전국 유선텔레비전방송국인 TBS를 세우고 1976년에는 애틀랜타 브레이브스 프로야구팀을, 1977년에는 애틀랜타 호크스 농구팀을 매입하기도 했다. 1980년에는 세계최초의 뉴스 전문 케이블 방송사인 CNN을 설립하고 1986년에는 MGM/UA 연예회사를 인수한다. 1988년에는 시청률이 높은 혁신적인 유선텔레비전 네트워크인 TNT(Turner Network Television)를 창설하였다. 그 후 TBS는 타임 워너와 합병하였고, 타임 워너는 다시 AOL과 합병해서 오늘에 이르게 된다. 터너는 모든 사업체를 유기적인 공생관계로 묶어 발전시켜 왔다.

그는 엄청난 부를 축적하고 명예를 얻었지만 그의 명성은 나눔의 실천으로 더욱 빛을 발한다. 자선에 대한 그의 확고한 철학은 "많은 돈을 가지고 있다는 것은 팝콘을 먹는 것과 유사하다. 팝콘으로 배를 채울 수는 있지만 만족을 느끼기는 어렵다. 만족을 얻기 위해서는 남을 배려하는 삶을 살 필요가 있다"는 그의 말에서 잘 엿볼 수 있다. 그는 몇 해 전에 우리나라를 방문하여 "부자일수록 사회에 대한 책임을 의식해야 하며 한국의 부자들이 그렇지 못해 비난을 받고 있다면 불행한일"이라고 꼬집기도 했다. 그는 미국의 찬란한 기부역사에 자기 나름의 방식으로 빛을 더한 인물이다.

우리들 희망의 싹 – 새로운 기부자들의 등장

미국과 같은 기부문화 정착의 가능성이 우리에게도 없는 것은 아니다. 선조들의 희생정신을 새로운 방식으로 계승하는 기업가 노블레스와 시민 노블레스가 서서히 등장하고 있기 때문이다. 그들의 희망적인 사례를 통해 우리 기부문화의 활로를 모색해본다.

기부도 벤처 경영처럼 – 정문술

정문술鄭文述의 인생은 유난히 기복이 심하다. 젊은 시절, '나는 새도 떨어뜨린다'는 중앙정보부에서 근무를 시작해 상당한 고위직에 올랐던 그는 신군부의 쿠데타로 강제퇴직을 당했다. 45세의 나이에 새로운 분야에 뛰어들어 창업을 했으나 사기를 당하고, 사업도 실패해 자살까지 생각하는 지경에 이르렀다. 그러나 그는 좌절하지 않고 재기해서 사업을 키웠으며 국내기업으로는 처음으로 미국 나스닥에 상장까지 시켰다. 그리고는 나눔으로 눈을 돌려 회사의 경영권을 가족이 아닌 종업원들에게 물려주고, 이제는 재산의 사회 환원에 나서고 있는 특이한 인물이다. 그는 지금 우리 사회가 필요로 하는 노블레스 오블리주의 모델이다.

정문술은 1938년 전북 임실에서 태어나 1957년 익산 남성고를 졸업하고 군에 입대하여 1961년 육군하사로 제대를 한다. 여기까지는 지극히 평범한 삶이다. 그러나 그때부터 중앙정보부에서 근무를 시작하여 중간에 대학을 다닌 기간 외에는 계속 재직하여 3급 공무원의 위치에까지 오른다. 그 당시 중앙정보부의 위세를 생각하면 소위 '출세'를 한 것인데 그의 시련은 1980년대와 함께 시작된다. 전두환 신군부에 의해 퇴직을 당한 것이다. 한 직장에 20년 가까이 근무하다 40대 중반에 갑자기 쫓겨난 사람이 느끼는 좌절감은 충격에 가깝다고 한다. 그것도 그 직장이 권력기관이라면 그 충격은 배가 될 것이다. 게다가 그 충격은 퇴직 직후 잘못 인수한 빚더미 회사의 실패로 더욱 커진다.

그러나 정문술은 오히려 "창업만이 살 길이다"라고 판단해 45세의 늦은 나이에 반도체 생산설비 업체인 미래산업을 설립하여 자신의 미래에 승부수를 띄운다. 그는 이때 다른 제품을 모방하고 나중에 기술을 배울 것이 아니라, 먼저 기술을 확보한 뒤에 고품질의 제품을 만들겠다고 결심한다.

그는 일본 반도체 회사에서 은퇴한 기술자를 초청해 파격적인 임금을 지급하며 기술을 습득하여 반도체 조립장비 '리드프레임 매거진'을 생산하기 시작한다. 이 제품은 1년 만에 국내시장을 독차지하는 성과를 올린다. 다음에 도전한 것은 반도체 웨이퍼(집적 회로를 만들 때 쓰는, 직경 5~10cm의 실리콘 단결정의 얇은 판)를 자동으로 검사해 주는 장치였다. 이 제품의 개발을 위해 그는 그때까지 벌어 놓았던 3억 원을 쏟아붓고 10억 원을 차입했는데도 자금이 부족해 집안의 패물 등을 처분하고 친척들의 돈까지 빌려 썼다. 우여곡절 끝에 기술 개발에는 성공했으나 제품의 속도 때문에 상품화에는 실패한다. 그 결과 그는 빈털터리가 되었고 빚더미에 올라앉게 된다. 그는 가족 동반자살을 염두에 두고 약을 사 모으기까지 했다고 한다. 그러나 그는 "나를 믿고 돈을 빌려준 사람들을 위해서라도 죽을 수 없다"고 마음을 고쳐먹는다.

상품화에는 실패했지만 기술은 남아 있다는 점에 착안하여 그 기술을 가지고 팔릴 만한 다른 제품을 만들기로 결심하고 그가 개발한 상품은 '테스트용 핸들러'였다. 이 제품이 국내시장을 석권하면서 정문술은 재기하게 된다. 그는 "그때 이후 사업의 결정적인 무기는 기술이라는 점을 늘 잊지 않았다"고 말한다. 이후 한국뿐 아니라 전 세계 반도체 수요가 급증하면서 미래산업은 한국 반도체 설비 업체의 독보적인 존재로 부상하고 우량기업으로 성장하게 된다. 결과적으로 그는 거부가 되었다.

그는 철저하게 실용주의 경영을 하는 것으로도 유명하다. 미래산업의 핵심 엔지니어는 대다수가 고졸 출신이며, 회사가 아무리 커져도 사장 위에 회장 자리를 두지 않아 자신의 직함은 항상 사장에 머물러 있었다. 비용 절감을 위해 비서를 두지 않아 미국 비자가 만료된 줄도 모르고 공항에 나갔다가 되돌아온 적도 있었다고 한다. 그러나 사원복지에는 아끼지 않고 투자를 하였다.

그는 창업 초창기, 경영에 대한 지식이 부족해서 좌충우돌할 때 우연히 집어든 아들의 초등학교 도덕 교과서에 나오는 내용대로 회사를 운영한다고 한다. 즉, "더불어 살아야 한다, 약속은 반드시 지켜야 한다, 정직해야 한다, 겸손해야 한다, 성실해야 한다, 솔선수범해야 한다" 식의 뻔하고 따분한 경구대로 경영을 한다는 것이다. 그런 가르침의 반대로 해야 성공하는 세상에 그런 '공자님 말씀'을 따르는 그의 경영방식을 '거꾸로 경영'이라고 비웃는 사람들도 있지만, 그런 융통성 없는 자신의 방식을 고집한 그는 원칙에 충실한 경영자였다.

정문술은 그렇게 키운 분신 같은 회사의 경영권을 "착한 기업을 만들어 달라"는 말 한마디와 함께 자식이 아닌 전문 경영인에게 물려주었다. 그는 늘 자식들에게 '유산은 독약이라고 가르친다고 한다. 어려움을 스스로의 힘으로 극복하는 것이 행복인데 자식들에게 유산을 많이 남겨주는 것은 자식들의 행복권을 빼앗는 것이나 마찬가지라는 논리이다.

회사를 떠난 그는 한동안 자신의 재산을 사회에 환원하기 위한 '마지막 벤처프로젝트'를 모색한 끝에 한국과학기술원(KAIST)에 300억 원을 쾌척하였다. 평소 인탐人貪이 많은 경영자답게 그는 바이오테크 분야의 고급 인재를 키우는 사업에 써달라며 거액을 기부한 것이다. 그는 돈만 내놓은 것이 아니라 KAIST와 과학기술부에 첨단학과 신설과 교수와 시설 및 기자재 유지관리에 필요한 예산 지원까지 요청하였다. 기부도 기업경영하듯 용의주도하게 한 것이다. 그 결과 KAIST에서는 '바이오시스템학과'를 신설하는 한편, 그의 기부금을 재원으로 바이오테크 연구동을 신축하게 되었다.

"부자인 채로 죽는 것은 너무나 부끄러운 일"이라고 설파한 앤드루 카네기에게 감명을 받았다는 그는 카네기의 교훈을 따르면서 "죽음이 목전에 닥쳐서야 떨리는 손으로 뭉칫돈을 내놓은 일은 정말 하기 싫다"는 그의 지론도 동시에 실천한 셈이다. 그는 KAIST에서 있은 '정문술 빌딩'의 기공식은 물론 준공식에도 참석하지 않았다. '정문술 빌딩'이라는 이름을 지을 때도 본인이 하도 펄쩍 뛰어 학교 측이 일방적으로 밀어붙였다고 한다. '도덕경영주의자'다운 행동이다.

정문술의 치밀하고도 구체적인 기부방식은 우리나라의 기부문화에 새로운 방향을 제시하고 있다. 좌절에서 나눔으로 발돋움한 그는 우리 사회가 지금 필요로 하고, 따라해야 할 노블레스 오블리주의 모델이다. 그의 다음 행보가 궁금하다.

한국의 록펠러 – 관정 이종환

관정冠廷 이종환李鍾煥 교육재단은 출범 때부터 우리나라의
사회사업계에 큰 충격을 주었다. 그 이유는 재단의 출연규모
가 그때까지 존재하던 모든 재단들을 압도했기 때문이다.
2000년 재단의 출범 때에는 10억 원 규모로 출범했지만 2003
년에는 3,000억 원, 2004년에는 4,000억 원으로 늘어나 순식
간에 우리나라 최고의 재단이 된 것이다. 그것도 출연자가 일
반인들에게는 잘 알려지지 않은 이종환 삼영화학그룹 회장이
었기 때문에 그 충격은 더욱 컸다. 현재 삼영화학그룹의 매출
액은 연간 4,000억 원 규모이다. 그는 자신의 기업 1년 매출액
에 달하는 막대한 재산을 장학재단에 쾌척한 것이다. 기업규
모에 비해 유명무실한 장학재단을 운영해 오던 재벌들에게는
민망함이 컸을 것이다.

그의 쾌거는 한 세기 전 미국 땅에서 카네기나 록펠러가 자
선재단을 세웠을 때의 파장에 견줄 만하고 또 그래야만 한다.
카네기나 록펠러 재단의 출범이 미국 기부문화의 시동을 거는
신호탄이었기 때문이다. 관정의 재단도 그런 역할을 하리라
믿기 때문이기도 하다. "우리 재단이 장학사업 규모로는 국내
최고라고 들었습니다. 누구나 최대나 최고의 기록을 오래 유
지하고 싶겠지만 저는 이 기록이 빨리 깨지길 바랍니다"라며
국내에 장학금을 비롯한 기부 사업이 좀 더 자리 잡아야 한다
고 강조하는 이종환 회장에게서 그런 포부를 엿볼 수 있다.

이 회장은 1959년 서울 영등포구에 삼영화학공업 주식회사를 설립, 50년 가까이 국내 석유합성수지 가공제품산업을 선도하면서 현재의 삼영화학그룹으로 키워낸 기업인이다. 삼영은 초박막 필름과 종이포장용지, 합성지 등을 생산한다. 그는 여든을 넘긴 나이에도 최근 삼영화학의 중국 진출을 진두지휘하는 등 현역에서 왕성하게 활동하고 있다. 이 회장은 "과거 중국이 세계의 공장이었고, 현재 중국이 세계의 시장이라면 미래 중국은 세계의 심장이 될 것"이라고 주장할 정도로 진취적이며 안목과 식견이 있는 기업인이다.

그는 평생 '전쟁하듯' 기업을 일구고 재산을 모으는 데 진력했지만 일흔 살이 넘으면서 인생관이 바뀌었다고 한다. 그래서 자식들에겐 자립을 위한 최소한의 것만 남겨 주고 나머지는 사회에 환원해야겠다고 생각했다는 것이다. 그 과정에서 가족들과 마찰도 있었다. 이 회장은 2000년 부인으로부터 이혼청구 및 재산분할 소송을 당하기도 하고 사재출연에 반대하는 가족들과 불협화음을 빚기도 했다. 지병으로 오랫동안 병마에 시달리고 있는 둘째 아들이 마음에 걸려 한때는 최고의 자선 병원 설립을 검토하기도 했었다고 한다. 그러나 사람 키우는 일이 더 중요하다는 생각에 결국 장학재단으로 결론이 났다.

이종환 회장은 '인재와 기술만이 우리가 살 길'이라고 굳게 믿는다. 기술 없이는 경쟁력도 없으므로 이공계 인재를 잘 키워야 한다는 것이다. 현재 관정 이종환 교육재단은 매년 150

억 원을 장학 사업에 투입하고 있다. 국내 장학생 1,000여 명과 국외 유학 장학생 100명에게 장학금을 지급하고, 장학생 중 70% 이상을 이공계 학생들에게 집중하고 있다. 국내에선 최대 규모이고, 세계적으로도 손에 꼽히는 규모이다. 이 회장은 빠른 시일 안에 개인자산을 더 투입해서 재단의 기금을 6,000억 원 안팎으로 늘릴 생각이다. 그 정도 규모는 되어야 오래 지속하는 장학재단으로 자리를 잡을 수 있다는 생각에서이다. 지금도 이면지를 사용하라며 직원들을 닦달하고 점심시간이면 직원들과 함께 자장면을 즐겨 먹어 '구두쇠' 소리를 듣는 이 회장이지만 사람 키우는 일에는 이렇듯 배포가 크다.

그는 장학재단의 운영에 대단히 엄격하다. 장학생 선발기준도 객관적이다. 저명한 교수진으로 구성된 심사위원회가 전권을 갖고 영재급 인재들만 선발한다. 이 회장 자신도 학생선발에는 일체 관여하지 않는다고 한다. 이 회장은 장학금과 관련된 청탁이 들어오면, 재단이 아닌 개인비용으로 처리할 정도로 철저하고 투명하게 재단을 관리하고 있다.

그는 기부문화의 정착에 대해서도 관심이 많다. "우리도 이제 어느 정도 먹고살 만한데, 기부가 좀 더 활성화되어야죠. 기부문화는 사회 안정에도 도움이 됩니다. 아쉬운 건 행정적 지원입니다. 규제가 너무 많아요. 기부에 대한 세제혜택도 늘릴 필요가 있습니다. 미국의 유명 사립대학들이 오늘날 크게 발전한 까닭도 기부문화 활성화와 정부의 행정적 지원이 있어서입니다"라고 주장하는 이 회장은 주변의 평가처럼 분명 한국의 록펠러이다. 그의 소망처럼 관정재단이 지원한 인재 가운데서 노벨상 수상자가 배출될 날도 그리 멀지 않은 것 같다. 이 회장의 뒤를 잇는 제2, 제3의 재단들이 수없이 등장할 날을 꿈꿔 본다.

우리를 한없이 부끄럽게 하는 천사 - 김군자 할머니

우리 사회가 김군자金君子 할머니께 해드린 것은 아무것도 없다. 오히려 할머니의 것을 빼앗기만 했을 뿐이다. 할머니께서 열세 살에 부모를 잃고 끼니를 잇지 못할 때도 우리는 할머니를 돕지 못했고, 할머니의 일곱 살 짜리 어리디 어린 동생이 남의집살이를 갈 때에도 수수방관하고 있었다. 할머니께서 나이 열일곱에 일본 놈들에게 정신대로 끌려가실 때에도 우리는 구경만 하고 있었고, 스무 살에 만신창이가 된 몸으로 이 땅에 돌아오셨을 때도 우리는 할머니를 보살피지 않았다. 할머니는 그때나 지금이나 이 사회로부터 괴롭힘을 당할 뿐이다. 그런 할머니께서 우리를 원망하기는커녕 우리 사회의 어두운 곳을 비추고 있다. 할머니는 천사이다.

강원도 평창군에서 딸만 셋인 집의 맏딸로 태어난 김군자 할머니는 10살에 아버지를 잃고, 13살에 어머니마저 잃었다. 형편이 너무 어려워 어린 동생들을 남의집살이로 보내고 자신은 이모 집에서 16살 때까지 얹혀살다 강원도 철원의 어느 집에 수양딸로 들어갔다. 그 집 아버지는 순사였는데 할머니

가 열일곱 살 되던 1942년 3월에 "돈 벌러 가라"며 웬 30대
쯤 되는 한국 남자에게 딸려 보냈다. 그렇게 끌려간 곳이 바
로 중국 지린(吉林)성 훈춘(琿春)이었다. 그곳 일대에서 지긋
지긋한 위안부생활을 3년이나 하던 할머니는 해방이 되자 비
로소 풀려날 수 있었다. 귀국한 뒤에도 몸을 의탁할 곳이 없
어 이집 저집 떠돌며 가정부나 술집 생활을 하면서 힘들게 지
냈다. 1996년 매스컴을 통해 위안부 피해자 신고를 받는다는
소식을 듣고서야 수소문한 끝에 1998년 3월 나눔의 집에 입
주할 수 있었다.

그런 할머니께서 2000년 8월 아름다운재단이 창립할 때
"배우고 싶고, 공부하고 싶은데 집안환경이 어려워 그럴 수
없는 아이들을 위해 써 달라"며 거금 5,000만 원을 기부하였
고, 평소에 학교에 다니지 못한 것이 한이었으니 그런 아이들
에게 도움이 되고 싶었다는 뜻을 밝혔다. 할머니의 5,000만
원은 정부배상금 3,150만 원에 매달 정부에서 지원받는 돈을
푼푼이 모은 것이었다. 할머니가 입고 싶은 옷, 먹고 싶은 음
식을 마다하고 정성들여 모은 돈인 것이다. 그렇게 조성된 '김
군자 할머니 기금'은 보육소를 퇴소하는 18세 이상의 아이들
의 대학 등록금으로 사용되었다. 대학에 합격을 하고도 등록
금이 없어 꿈을 접어야 했던 아이들이 할머니의 도움으로 화
가, 디자이너, 엔지니어로의 힘찬 첫걸음을 내딛고 있는 것이
다. 전국 각지에서 할머니의 도움을 받은 아이들이 "고마운
할머니께"로 시작하는 감동적인 편지를 보내와서 할머니를 위

로한다고 한다.

그런 할머니께서 올해 또 아름다운재단에 5,000만원을 기부하였다. 이번에 기부한 돈은 할머니가 6년 동안 정부와 지방자치단체에서 받은 월 85만 원의 생활안정지원금을 아껴 모은 것이라고 한다. 김 할머니는 올해 3월에도 나눔의 집이 추진 중인 전문 요양시설 건립비로 1,000만 원을 내놓은 적이 있다. 할머니는 이번 돈은 고아로 자라는 아이들을 위해 특별히 쓰이기를 원했다. 자신이 고아로 자랐기 때문에 부모 없이 큰다는 것의 아픔을 잘 알고 있기 때문일 것이다. 김 할머니는 또 "2000년 기부금으로 혜택을 받은 아이들이 편지를 보내기도 하고 가끔 찾아온다"면서, "아이들이 '열심히 공부해서 나중에 할머니처럼 남을 돕겠다'고 말하는 것을 보고 또 한 번 용기를 냈다"고 덧붙였다. 요즘 건강이 많이 나빠지신 할머니께서 자신의 건강을 돌보는 데 필요한 최소한의 경비도 고려하지 않고 자신의 전 재산을 쾌척한 것이다.

할머니의 5,000만 원은 다른 사람들의 5,000억 원보다도 큰 돈이다. 할머니의 기부는 우리에게 많은 메시지를 던진다. 첫 번째 메시지는 기부가 '가진 자'들의 전유물이 아니라는 것을 몸소 보여 주신 것이다. 할머니는 세상에서 가장 '못 가진 자'이다. 평생 모든 것을 뺏기기만 한 할머니가 기부를 하는데 기부를 할 수 없는 사람이 어디에 있겠는가 말이다. 할머니의 기부는 '세상에 나눌 수 없을 만큼 가난한 사람은 없다'는 사실을 온몸으로 증명한 사례이다.

김 할머니의 두 번째 메시지는 '오블리주는 노블레스의 책무가 아니라 오블리주를 실천하면 누구라도 노블레스가 된다는 것을 보여 주었다는 것이다. 할머니는 노블레스 정도가 아니라 천사이다. 할머니가 우리에게 마지막으로 던지는 메시지는 '희망'이다. 김 할머니는 우리에게 어떤 절망도 헤쳐 나갈 수 있는 희망을 선물한 것이다.

새로운 노블레스 오블리주를 정착시키려면

　앞에서 살펴본 것처럼 노블레스 오블리주의 의미는 '귀족의 목숨을 아끼지 않는 용기와 솔선수범'에서 '사회지도층의 도덕적 책무'로 변해 왔다. 좀 더 직설적으로 표현하자면 오늘날의 노블레스 오블리주는 가진 자의 나눔을 뜻하는 것이며 그것은 부의 사회 환원, 즉 기부를 통해서 실천될 수 있다. 기부의 선진국인 미국에는 카네기를 시발점으로 해서 록펠러, 포드 같은 기업인들이 기부를 통해 부의 사회 환원을 지속적으로 행해오고 있으며 그 정신은 오늘날에도 빌 게이츠나 워렌 버핏 등에 의해 면면히 계승되어오고 있다.

　그러나 우리 사회에는 과거에 존재했던 노블레스 오블리주의 정신이 나눔의 철학으로 승화되어 계승되지는 못하고 있는 실정이다. 자본주의의 역사가 짧기 때문이라거나 가족이기주의가 팽배해 있기 때문이라고 치부하고 있기엔 우리 사회의 삶의 질 양극화현상은 너무나 심화되고 있고 기부문화의 토양은 척박하기만 하다. 이제 우리도 눈을 조금 크게 뜨고 사회의 그늘진 곳에서 신음하고 있는 사람들과 함께 잘 살 수 있는 방안에 관심을 가져야 할 때이다. 기부는 정부의 개입 영역이 아니거나 정부의 역할이 미치지 못하는 사회문제 해결에 기여한다. 또 자선적 기부는 사회의 균형 발전을 가능하게 하며 궁극적으로는 사회의 지속가능한 발전에 기여한다.

우리 기부 현실의 가장 큰 문제점으로는 개인기부보다 기업의 기부가 많고 그 기업의 기부도 준조세적 성격의 비자발적 기부라는 것이 자주 지적되고 있다. 특히 연말연시나 재해가 발생할 때에는 사방에서 무언의 기부 압력을 받는 일이 비일비재한 것이 현실이다. 그러다보니 기부를 하는 기업들도 기부를 사회공헌의 일환이라기보다는 면피나 보신을 위한 방책쯤으로 여겨, 기부 자체보다는 그것의 홍보활동에 더 신경을 써왔다. 게다가 우리 경영자들의 기부는 아직도 대부분 기업의 자금으로 이루어지고 있다. 빌 게이츠나 워렌 버핏처럼 개인의 재산을 자선사업에 쾌척하는 경우는 드물다. 또한 우리 사회의 개인 기부는 여전히 일부 계층에 한정되어 있을 뿐 아니라, 일회성이고 충동적인 기부에 그치고 있다.

과연 어떻게 하면 우리 사회에 건전한 기부문화를 정착시킬 수 있을까? 어떻게 하면 우리 사회의 기부를 기업중심에서 개인중심으로, 일회성 기부에서 정기기부로, 비자발적 기부에서 자발적 기부로, 다액소수에서 소액다수로 바꿀 수 있을까?

우리 사회에 건전한 기부문화가 자리 잡기 위해서는 우선 가진 자들의 모범적 기부가 많아져야 한다. 사회지도층의 모범적인 기부행위는 일반시민들에게 좋은 영향을 미쳐 이 땅에 소액다수의 기부문화를 뿌리내리게 하는 기폭제가 될 것이다. 사회지도층 인사들의 모범은 같은 계층의 인사들에게도 많은 영향을 줄 수 있다. 미국의 경우 조지 소로스의 거액 기부는 테드 터너의 기부 인생에 영향을 미쳤고, 테드 터너는 빌 게이츠에게, 빌 게이츠는 워렌 버핏에게 영향을 미쳤다. 그들은 서로에게 영향을 미치며 경쟁적 기부문화를 정착시켰다. 이제 우리에게도 위대한 기부자의 등장이 절실하게 필요한 때이다. 우리에게도 그렇게 모범을 보이는 인물들이 필요하며 우리 사회는 그런 이들을 영웅으로 대접해야 할 것이다. 지금은 오블리주를 다하는 '가진 자'를 노블레스로 대우해야 마땅한 세상이다.

두 번째는 기부에 대한 교육이 가정과 학교 및 직장에서 상시 이루어져야 한다. '자선은 가정에서 시작된다'라는 외국속담이 있지만 이제 우리도 가정에서 기부하고 봉사하는 교육을 해야 할 때이다. 선행을 베푸는 부모를 보고 자란 아이들은 자연스럽게 자선을 베풀게 된다. 학교와 직장에서도 그러한 교육과 관행이 정착되어야만 한다. 이런 과정을 통해서 기부문화가 우리의 일상생활에 녹아들게 해야 한다.

세 번째는 기부를 장려할 수 있는 여건과 제도가 마련되어야 한다. 특히 세제상의 공제범위와 관련한 조세제도와 비영리 조직 등에 의한 모금 행위를 감독하는 제도가 보다 성숙한 수준에서 마련될 필요가 있다. 기부자 측면에서는 우선 기부자에 대한 세제 혜택의 폭이 커져야 한다. 최근 정부는 다행스럽게도 개인 기부금에 대한 소득세법 개정안을 의결했다. 이 개정안에 의하면 개인이 사회복지시설과 소년소녀가장 등 소외계층에 제공하는 기부금에 대한 소득공제 혜택이 이제 '연간 소득금액의 5%한도'에서 '기부금 전액'으로 확대된다. 또한 학술·종교·문화 등 공익단체에 기부하는 금액에 대한 소득공제 한도도 소득금액의 5%에서 10%로 확대된다. 이는 우리나라 비영리단체의 재원확보 방안에 획기적인 변화를 예고하는 조치라고 할 수 있다. 즉, 민간부문에서 재원을 확보할 수 있는 가능성이 커진 것이다. 그러나 현재 미국은 50%, 일본은 25%까지 소득공제를 받는 것을 생각하면 우리의 소득공제혜택은 더 확대되어야 한다. 기부를 받는 쪽을 위한 법적 제도적 장치의 정비도 필요하다.

최근 정부가 기부금품모집규제법 시행령 일부를 개정하여 기부금품 모집을 허가제에서 등록제로 전환하고 모집비용 충당비율을 15%까지 확대키로 한 것은 대단히 고무적인 일이다. 그동안 허가제로 시행됨에 따라 특정 단체 또는 특정 목적의 기부금 모금만이 가능해 특혜 논란이 계속돼 왔는데, 등록제로 바뀜에 따라 시민사회단체들의 기부금품 모금 활동이 활성화될 것으로 기대된다. 기부문화를 정착시키기 위해서는 기부와 관련한 규제를 철폐하는 노력이 지속적으로 이루어져야 할 것이다.

네 번째는 기부의 대상이 되는 비영리 조직들의 투명성과 신뢰성 그리고 기부금을 보다 효율적으로 관리할 수 있는 역량이 강화되어야 한다. 그동안 기부의 대상이 되는 비영리기관들의 투명성 결여와 경영역량의 부족은 기부자들의 신뢰를 확보하지 못하는 주된 이유였고 그것이 일반시민들의 기부참여를 가로 막는 장애요인으로 지적되어왔다. 기부자들은 자신이 기부한 돈이 꼭 필요한 곳에 쓰였는지, 정당한 절차와 과정을 거쳐 사용되었는지를 알고 싶어 한다. 따라서 자선적 기부의 대상이 되는 비영리 조직들은 지배구조의 투명성과 경영능력 및 신뢰성확보를 위해 항시 노력해야 한다.

끝으로 일반시민들의 기부에 대한 적극적 참여를 유도할 수 있는 다양하고 혁신적인 프로그램들이 개발되어야 한다. 비영리 단체들은 기부자들의 필요와 욕구를 충족시킬 수 있는 기부상품 개발과 기부자지향적인 서비스의 체계적인 구축을 위해 조직의 운영에 시급히 마케팅 개념을 도입해야 할 것이다. 1980년대까지만 해도 우리나라는 물론 선진국에서도 많은 사람들이 마케팅은 기업에서만 활용되는 경영기법으로 생각했다. 그러나 점차 모든 분야에서 무한 경쟁체제가 형성되면서 비영리조직에서도 경쟁력 확보를 위해 마케팅 개념이 활발하게 도입되고 있다.

우리 사회에 건강한 기부문화를 정착시키기 위해서는 이러한 방안들을 통해 자선적 기부에 대한 시민의 관심과 참여를 확대해 나가야 할 것이다.

　이제 우리의 기부문화도 바꾸어야 한다. 우리도 이제 우리가 갖고 있는 행복을 조금씩 소외된 이웃과 나눌 줄 알아야 한다. 그러기 위해서는 건전한 기부문화의 정착이 시급하다. 기부문화가 우리 사회를 움직이는 시대정신으로 요원의 불길처럼 번져나가기 위해서는 사회지도층과 시민들은 물론 기부를 필요로 하는 비영리단체와 언론 및 정부가 동참하는 범국민적 캠페인이 필요한 시점이다.

참고문헌

김상준, 「유교적 노블레스 오블리주와 도덕권력」, 『사회비평』 34, 나남, 2002.

니체, 『선악의 저편·도덕의 계보』, 책세상, 2002.

시오노 나나미, 『로마인 이야기 8, 9』, 한길사, 1999~2001.

윤승준, 「서양사에서의 노블레스와 도덕적 의무」, 『사회비평』, 나남, 2002.

이덕일, "역사로 본 한국의 '노블리스 오블리제'", 「한겨레」, 2002.2.4.

정문술, 『정문술의 아름다운 경영』, 키와채, 2004.

조성기, 『유일한 평전』, 작은씨앗, 2005.

조용헌, 『5백년 내력의 명문가 이야기』, 푸른역사, 2002.

최상원, "영국·프랑스의 활발한 기부문화", 「한겨레」, 2002.1.8.

최해진, 「경주 최부자의 경영사상 형성배경과 내용」, 『동의논집』 28, 1998.

Andrew Carnegie, Gordon Hutner, 『The Autobiography of Andrew Carnegie and The Gospel of Wealth』, Signet Classics, 2006.

Ayano Morio, 『Warren Buffett : An Illustrated Biography Of The World's Most Successful Investor』, John Wiley & Sons Inc., 2004.

Ken Auletta, 『Media Man : Ted Turner's Improbable Empire』, WW Norton & Co Inc., 2005.

Laura Bufano Edge, 『Andrew Carnegie : Industrial Philanthropist』, Lerner Publishing Group, 2004.

Lauren Lee, 『Bill Gates』, World Almanac Library, 2002.

Peter Collier, 『The Rockefellers』, Henry Holt & Co., 1976.

Porter Bibb, 『Ted Turner : It Ain't as Easy as It Looks』, Atlantic Books, 1997.

프랑스엔 〈크세주〉, 일본엔 〈이와나미 문고〉, 한국에는 〈살림지식총서〉가 있습니다.

📖 전자책 | 🔍 큰글자 | 🔊 오디오북

노블레스 오블리주 세상을 비추는 기부의 역사

펴낸날	초판 1쇄 2006년 10월 30일
	초판 12쇄 2021년 12월 31일

지은이	**예종석**
펴낸이	**심만수**
펴낸곳	**(주)살림출판사**
출판등록	1989년 11월 1일 제9-210호

주소	경기도 파주시 광인사길 30
전화	031-955-1350　팩스 031-624-1356
홈페이지	http://www.sallimbooks.com
이메일	book@sallimbooks.com

ISBN	978-89-522-0574-2　04080
	978-89-522-0096-9　04080(세트)

089 커피 이야기　　eBook

김성윤(조선일보 기자)

커피는 일상을 영위하는 데 꼭 필요한 현대인의 생필품이 되어 버렸다. 중독성 있는 향, 마실수록 감미로운 쓴맛, 각성효과, 마음의 평화까지 제공하는 커피. 이 책에서 저자는 커피의 발견에 얽힌 이야기를 통해 그 기원을 설명한다. 커피의 문화사뿐만 아니라 커피에 대한 일반적인 정보 및 오해에 대해서도 쉽고 재미있게 소개한다.

021 색채의 상징, 색채의 심리

박영수(테마역사문화연구원 원장)

색채의 상징을 과학적으로 설명한 책. 색채의 이면에 숨어 있는 과학적 원리를 깨우쳐 주고 색채가 인간의 심리에 어떤 작용을 하는지를 여러 가지 분야의 사례를 통해 설명한다. 저자는 색에는 나름대로의 독특한 상징이 숨어 있으며, 성격에 따라 선호하는 색채도 다르다고 말한다.

001 미국의 좌파와 우파　　eBook

이주영(건국대 사학과 명예교수)

진보와 보수 세력의 변천사를 통해 미국의 정치와 사회 그리고 문화가 어떻게 형성되고 변해왔는지를 추적한 책. 건국 초기의 자유방임주의가 경제위기의 상황에서 진보-좌파 세력의 득세로 이어진 과정, 민주당과 공화당의 대립과 갈등, '제2의 미국혁명'으로 일컬어지는 극우파의 성장 배경 등이 자연스럽게 서술된다.

002 미국의 정체성 10가지 코드로 미국을 말하다　　eBook

김형인(한국외대 연구교수)

개인주의, 사유의 예찬, 평등주의, 법지주의, 다문화주의, 청교도 정신, 개척 정신, 실용주의, 과학·기술에 대한 신뢰, 미래지향성과 직설적 표현 등 10가지 코드를 통해 미국인의 정체성과 신념을 추적한 책. 미국인의 가치관과 정신이 어떠한 과정을 통해서 형성되고 변천되어 왔는지를 보여 준다.

058 중국의 문화코드

강진석(한국외대 연구교수)

중국의 핵심적인 문화코드를 통해 중국인의 과거와 현재, 문명의 형성 배경과 다양한 문화 양상을 조명한 책. 이 책은 중국인의 대표적인 기질이 어떠한 역사적 맥락에서 형성되었는지 주목한다. 또한, 구체적이고 실제적인 여러 사물과 사례를 중심으로 중국인의 사유방식에 대해 설명해 주고 있다.

057 중국의 정체성　　　eBook

강준영(한국외대 중국어과 교수)

중국, 중국인을 우리는 과연 어떻게 이해해야 하나? 우리 겨레의 역사와 직·간접적으로 끊임없이 영향을 주고받은 중국, 그러면서도 아직까지 그들의 속내를 자신 있게 말할 수 없는, 한편으로는 신비스럽고, 한편으로는 종잡을 수 없는 중국인에 대한 정체성을 명쾌하게 정리한 책.

015 오리엔탈리즘의 역사　　　eBook

정진농(부산대 영문과 교수)

동양인에 대한 서양인의 오만한 사고와 의식에 준엄한 항의를 했던 에드워드 사이드의 오리엔탈리즘. 이 책은 에드워드 사이드의 이론 해설에 머무르지 않고 진정한 오리엔탈리즘의 출발점과 그 과정, 그리고 현재와 미래의 조망까지 아우른다. 또한 오리엔탈리즘이 사이드가 발굴해 낸 새로운 개념이 결코 아님을 역설한다.

186 일본의 정체성　　　eBook

김필동(세명대 일어일문학과 교수)

일본인의 의식세계와 오늘의 일본을 만든 정신과 문화 등을 소개한 책. 일본인을 지배하는 이데올로기는 무엇이고 어떤 특징을 가지는지, 일본을 주목해야 하는 이유는 무엇인지 등이 서술된다. 일본인 행동양식의 특징과 토착적인 사상, 일본사회의 문화적 전통의 실체에 대한 분석을 통해 일본의 정체성을 체계적으로 살펴보고 있다.

261 노블레스 오블리주 세상을 비추는 기부의 역사

예종석(한양대 경영학과 교수)

프랑스어로 '높은 사회적 신분에 상응하는 도덕적 의무'를 뜻하는 노블레스 오블리주. 고대 그리스부터 현대까지 이어지고 있는 노블레스 오블리주의 역사 및 미국과 우리나라의 기부 문화를 살펴보고, 새로운 시대정신으로 노블레스 오블리주를 부활시킬 수 있는 가능성을 모색해 본다.

396 치명적인 금융위기, 왜 유독 대한민국인가 eBook

오형규(한국경제신문 논설위원)

이 책은 전 세계적인 금융 리스크의 증가 현상을 살펴보는 동시에 유달리 위기에 취약한 대한민국 경제의 문제를 진단한다. 금융안정망 구축 방안과 같은 실용적인 경제정책에서부터 개개인이 기억해야 할 대비법까지 제시해 주는 이 책을 통해 현대사회의 뉴노멀이 되어 버린 금융위기에서 살아남는 방법을 확인해 보자.

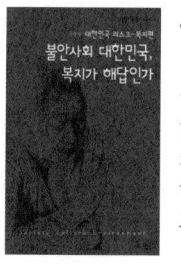

400 불안사회 대한민국, 복지가 해답인가 eBook

신광영(중앙대 사회학과 교수)

대한민국 사회의 미래를 위해서 복지는 선택이 아니라 필수라고 말하는 책. 이를 위해 경제 위기, 사회해체, 저출산 고령화, 공동체 붕괴 등 불안사회 대한민국이 안고 있는 수많은 리스크를 진단한다. 저자는 사회적 위험에 대응하기 위한 복지 제도야말로 국민 모두의 삶의 질을 높일 수 있는 길이라는 것을 역설한다.

380 기후변화 이야기 eBook

이유진(녹색연합 기후에너지 정책위원)

이 책은 기후변화라는 위기의 시대를 살면서 우리가 알아야 할 기본지식을 소개한다. 저자는 기후변화와 관련된 핵심 쟁점들을 모두 정리하는 동시에 우리가 행동해야 할 실천적인 대안을 제시한다. 이를 통해 독자들은 기후변화 시대를 사는 우리가 무엇을 해야 할 것인지에 대하여 생각해 볼 수 있을 것이다.

eBook 표시가 되어있는 도서는 전자책으로 구매가 가능합니다.

(주)살림출판사
www.sallimbooks.com
주소 경기도 파주시 문발동 522-1 | 전화 031-955-1350 | 팩스 031-955-1355